序 言

近年來，出國旅遊已經成了一項普遍的風氣。所謂「行萬里路，勝讀萬卷書」，出國一遊確能增長不少見聞。但是在行萬里路之前，最好先有周全的準備，而其中最重要的，就是語言——學好世界通用的英語，必能使旅途更為順利，也更有信心。

不過，就觀光所需要的英語來說，並不需要很高的英文程度，只要能說日常的會話就可以了。然而，學了多年的英語，對自己的會話能力有信心的人卻少之又少。歸根究底，缺乏實際養成的環境固是一大原因，但這原本就是學習外語的先天限制。既然不能從實際環境中得到充分的學習機會，唯有先從儲備各種情境的會話語句著手，才能在面臨實際情況時，暢言無阻。本書即是針對此一學習方針而編成。

全書共分八章，涵括搭飛機、投宿旅館、用餐、打電話等旅途中的主要情境，每章並分實用語句、實況會話、實況簡介及實用字彙四個單元。其中語句部分，即特別根據實際情況加以詳盡的分類，並附有靈活的句型變化，使您不僅知道如何將這些句子派上用場，更能充分掌握英文句子的結構與用法。而熟悉實用語句之後，再配合豐富的會話材料來練習，將無異於在真實情境中走過一遭！此外，您如果對會話中所顯示的實況不甚了解，簡介部分也將提供進一步的說明。

本書雖為觀光旅遊而編，但除了搭飛機、觀光等較專門的部分以外，其餘許多單元，都是日常生活中經常面臨的，因此本書除可用來做出國前的準備外，也可以在生活中活學活用。希望您讀完本書後，不僅對出國旅遊倍增信心，更能在會話能力上，得到進一步的成長與突破。

本書雖經多次審慎校對，但仍恐有疏漏之處，祈盼各界讀者不吝批評指教。

編者　謹識

目　　錄

Chapter 1

Air Travel 搭機旅遊

1. 在飛機上
On the Plane

I 飛機上實用語句

在飛機上找位子

1. Hello, can you show me where my seat is?
   嗨，你能告訴我我的座位在那裏嗎？
2. Excuse me, but where is seat 33C?
   對不起，請問座位33C在那裏？
3. Show me to my seat, please. 請帶我到我的座位。
4. Which seat is this number? 這個號碼是那個座位？
5. Should I go this way? 我該走這邊嗎？
6. Is this my seat? 這是我的位子嗎？

入座後

1. Where can I put my bag? 我可以把袋子放在那裏？
2. Please show me how to fasten this seat belt.
   請教我如何繫安全帶。

想換座位時

1. Can I change my seat? 我能不能換座位？
2. Is this seat vacant? 這是空位嗎？
3. May I take this seat? 我可以坐這個位子嗎？
4. May I move to the non-smoking area for a while?
   我可以暫時移到非吸煙區嗎？

暈機時

1. I don't feel well. 我覺得不舒服。
2. I feel like vomiting. 我想吐。
3.

Have you got something
Do you have any medicine
Could I have some medicine
May I have some medicine

for airsickness?

你們有什麼
我可以吃一些

暈機的藥嗎?

4. Pardon me. I think I'm getting a little airsick. May I have some medicine?
   對不起,我想我有點暈機,我可以吃點藥嗎?
5. How many should I take? 我該吃多少?
6. I feel better now. 我現在覺得好些了。

請空中小姐拿東西

1. Please give me

some ice water. / some cigarettes.
a wet towel. / a blanket.
a glass of cold water. / a cup of coffee.
a sheet of paper.

請給我

一些冰水。/ 一些香煙。
一條濕毛巾。/ 一條毯子。
一杯冷水。/ 一杯咖啡。
一張紙。

2.

May I have
Could I have
Could you give me
Would you please bring me

some ice water?

可以給我
可以給我
你可以給我
請你給我拿

一些冰水嗎?

詢問洗手間

Where is the | men's / ladies' | room? | 男 / 女 | 盥洗室在那裏?

用耳機

1. Can I listen to the film in Chinese?
   我可以聽中文配音的電影嗎?
2. These earphones aren't working properly. 這些耳機不對勁。

閱讀

Do you have any American newspapers or magazines?
你們有任何美國的報紙或雜誌嗎?

想開燈時

Please show me how to turn on the light.
請教我如何開燈。

詢問飲料

1. Do you serve drinks？ 你們供應飲料嗎？
2. What drinks do you have？ 你們有什麼飲料？
3. What kind of $\begin{array}{|l|}\hline \text{soft} \\ \text{alcoholic} \\\hline\end{array}$ drinks do you have?

   你們有什麼 $\begin{array}{|c|}\hline \text{清涼} \\\hline \text{酒類} \\\hline\end{array}$ 飲料？

4. May I have some coffee, please？ 能不能給我一些咖啡？
5. Are soft drinks free？ 清涼飲料免費嗎？
6. Should I pay for the drinks？ 我要付飲料費嗎？
7. Can I pay in NT dollars？ 我可以用台幣付嗎？

詢問餐食

1. What time is $\begin{array}{|l|}\hline \text{dinner} \\ \text{breakfast} \\ \text{lunch} \\ \text{supper} \\\hline\end{array}$ served？ 幾點供應 $\begin{array}{|l|}\hline \text{正餐？} \\ \text{早餐？} \\ \text{午餐？} \\ \text{晚餐？} \\\hline\end{array}$

2. How long is it until lunch？ 午餐還有多久？
3. Please wake me up for dinner. 晚餐時請叫我。

購物

1. Do you have wine for sale on the airplane？ 飛機上有賣酒嗎？
2. When can I buy some duty-free goods？
   我什麼時候可以買一些免稅品？

詢問時間、行程

1. Are we on schedule？ 我們照預定的時間飛嗎？
2. When do we arrive in Paris？ 我們什麼時候到巴黎？

3. What time does the plane get to London?

　　飛機什麼時候到倫敦？

4. What's the time in New York now?　紐約現在是幾點？

5. What's the weather like over there? 那邊的氣候怎麼樣？

6. How long is the stop-over? 過境要停多久？

7. What time do I reboard the plane?

　　我什麼時候再上飛機？

8. What is the next stop? 下一站是那裏？

9. Will we be staying overnight in Hong Kong?

　　我們要在香港過夜嗎？

＊機內廣播、空中小姐的話＊

1. Please keep your seat belt fastened and put your seat in the upright position.

　　請繫牢安全帶，並使座椅直立。

2. Please refrain from smoking until the "No Smoking" sign is switched off.

　　請勿抽煙，直到"禁止吸煙"的燈號消失為止。

3. Please don't smoke until we are airborne and the "No Smoking" sign is turned off.

　　請勿抽煙，直到我們離陸及"禁止吸煙"的燈號消失為止。

4. The air conditions are uncertain. Please fasten your seat belts. 天氣狀況不穩定，請繫牢你的安全帶。

5. You may unfasten your seat belt now.

　　現在可以鬆開你的安全帶。

6. We're flying over the Alps. 我們正飛越阿爾卑斯山。

7. We've crossed the International Date Line.

　　我們已經過了國際換日線。

8. Set your watch | forward | an hour.
   | back |

   把你的錶撥 | 快 | 一小時。
   | 慢 |

9. We'll arrive thirty minutes | behind | schedule.
   | ahead of |

   我們將比預定時間 | 晚 | 三十分鐘到。
   | 早 |

10. We will land at Los Angeles airport in twenty minutes.
    我們將在二十分鐘內降落在洛杉磯機場。

11. It's prohibited to take pictures in the airport.
    機場禁止攝影。

12. Please keep all valuables with you.
    請把你所有的貴重物品帶在身邊。

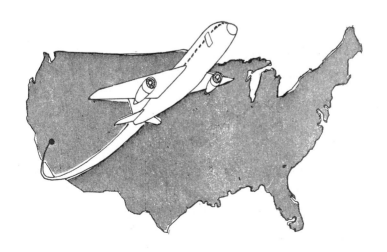

II 飛機上實況會話(1)

Before Taking off

起 飛 前

（ S ＝ Stewardess 空中小姐 ， P ＝ Passenger 旅客 ）

S 1 : Good evening, sir. 晚安，先生。

P : Hello. Can you show me where my seat is?
嗨，你能告訴我我的座位在那裏嗎？

S 1 : Certainly. 24B. Your seat is this way. It's an aisle
seat on the right.
當然。24B，你的位子在這邊，是右邊靠走道的座位。

P : Thank you. 謝謝。

P : Is this my seat? 這是我的座位嗎？

S 2 : Yes, sir. 是的，先生。

P : Thank you. By the way, where can I put my bag?
謝謝你。對了，我可以把我的袋子放在那裏？

S 2 : You may put it under the seat in front of you or in the
overhead compartment.
你可以放在你前面的位子下，或上面的架子。

P : Like this? 這樣嗎？

S 2 : Yes. That's fine. 是的，很好。

S 2 : Sir, please don't smoke until we are airborne and the
"No Smoking" sign is turned off. 先生，請勿抽煙，直到我
們離陸，及 " 禁止吸煙 " 的燈號消失爲止。

P : Oh, sorry. 哦，抱歉。

S 2 : Also please make certain that your seat belt is securely
fastened and your seat is in the upright position.

也請確定你的安全帶是否繫牢，座椅是否直立。

P : O.K. 好。

* aisle〔aɪl〕*n.* 通道　aisle seat 靠走道座位　　*by the way* 順便一提
in front of ～ 在～前面　　overhead〔'ovɚ,hɛd〕*adj.* 在上面的；頭上的
Like this？ 這樣嗎？　　airborne〔'ɛr,born〕*adj.* 離陸的；飛在空中的
turn off 關掉　　*make certain* 確定
securely〔sɪ'kjʊrlɪ〕*adv.* 牢固地；安全地
fasten〔'fæsn̩, 'fɑsn̩〕*v.* 繫住；使牢固
upright position 直立的位置（按鈕使椅背歸回原來直立的位置）

飛機上實況會話(2)
Using Headsets
用　耳　機

（ **S** = **S**tewardess 空中小姐，**P** = **P**assenger 旅客）

S : Would you like a headset, sir, for the movie and music？

先生，你要不要耳機？用來看電影和聽音樂？

P : Yes, please. How much are they？ 好，多少錢？

S : Three dollars. 三元。

P : Can I pay in NT dollars？ 我可以付台幣嗎？

S : Yes, you may. That'll be 120 NT dollars.

是的，可以，那樣是台幣 120 元。

P : Do I pay now？ 現在付嗎？

S : Yes, please. 是的，請現在付。

P : Here you are. 這給你。

S : Thank you. You'll find the music programs and the movies listed in our in-flight magazine *Clipper*, as well as the beverage list.

謝謝。你不僅可以在我們的飛行雜誌*Clipper*中找到飲料表,也可以找到音樂節目和電影。

P : Thank you. 謝謝。

＊ Would you like ～? 你要不要～?

headset 〔 ˈhɛd‚sɛt 〕 *n.* 耳機 (= earphones)

That'll be NT ～. 那樣是台幣～。

in-flight *adj.* 飛機上的;飛行中的 　　Clipper 雜誌名,原義爲「大型客機」

as well as ～ 和～同樣;不但～而且 　　beverage list 飲料表

Ⅱ 飛機上實況會話(3)
Having Drinks
用 飲 料

(S = Stewardess 空中小姐 , P = Passenger 旅客)

S : Would you care for a drink, sir? 先生,你要不要飲料?

P : Yes, please. A martini on the rocks.

好,來一杯加冰塊的馬丁尼。

S : Gin or vodka? 要杜松子酒還是伏特加酒?

P : Vodka. 伏特加。

S : And would you like that with an olive or a twist of lemon?

你要加橄欖還是檸檬?

P : Olive, please. 加橄欖。

S : There you are, and that will be two dollars.

這給你，要兩塊錢。

P : Here. 這裏。

S : Thank you. 謝謝你。

P : By the way, are soft drinks free? 清涼飲料冤費嗎？

S : Yes, they are, sir. 是的。

P : Thank you. 謝謝。

* Would you care for ～ ? 你想要～嗎？
  on the rocks （威士忌酒等）加冰塊　　gin〔dʒɪn〕*n.* 杜松子酒
  vodka〔ˈvɑdkə〕*n.* 伏特加酒　　　olive〔ˈɑlɪv〕*n.* 橄欖
  a twist of lemon　擠過的檸檬片
  There you are. 這給你（空中小姐把飲料拿給旅客）。
  Here. 這給你（旅客把錢拿給空中小姐）。
  soft drinks *n. pl.* (不含酒精的)清涼飲料

Ⅱ 飛機上實況會話(4)
Having Meals
用　餐

（ S ＝ Stewardess 空中小姐 , P ＝ Passenger 旅客 ）

S : Your dinner, sir. 先生，你的晚餐。

P : Thank you. 謝謝妳。

S : Would you care for wine with your meal?

你用餐時要不要喝葡萄酒？

P : Yes. 好。

S： Red or white？ 紅葡萄酒還是白葡萄酒？

P： Red, please. 紅葡萄酒。

S： I'll be right back. 我馬上就來。

S： Your wine, sir. 先生，你的酒。

P： Thank you. Can I have coffee later？
謝謝，我等一下可以喝咖啡嗎？

S： Yes, I'll bring it after dinner. 可以，晚餐後我會拿來。

P： Thank you. 謝謝。

* dinner *n.* 一日的主餐，通常指晚餐。
  meal *n.* （一日間定時的）餐

Ⅲ 飛機上實況簡介

上飛機後馬上入座

上飛機後先坐到自己的座位上，如果在走道上走來走去，會影響其他乘客的便利。搭乘國際航線的飛機，有一定的座位號碼（seat number），在入口處要出示登機證（Boarding Pass），最好依空中小姐的指示依序入座。

入座後

由空中小姐帶領入座後，把行李放在前面座位下，大衣、帽子等輕便的東西，則放在上面的架子上。這時前面會打出 FASTEN SEAT BELT（繫上安全帶）和 NO SMOKING（禁止吸煙）的燈號，接著就可以聽到通知這些事項的廣播。

安全裝備

飛機起飛前，飛機上的服務人員會說明救生衣（life jacket 或 life vest）和氧氣面罩（oxygen mask）的用法。救生衣大多放在座位下面，氧氣面罩在緊急的情況下，會自動由座位上面掉出來。另外在椅背的口袋（seat pocket）內，有關於安全（security）的說明書，上面寫有緊急出口（Emergency Exit）的位置。

洗手間和走道禁止吸煙

飛機起飛（take-off）後，開始水平飛行，NO SMOKING 和 FASTEN SEAT BELT 的燈號消失，就可以自由吸煙了。但是在走道和洗手間是一直禁止吸煙的。當然在禁煙區（non-smoking area）也不可以吸煙。

飛機上的洗手間

　　巨型噴射客機的普通艙洗手間（lavatory），在飛機的中間和後面兩個地方。門上有VACANT燈號，表示無人使用，如果是OCCUPIED，則表示使用中，門一鎖上，就會自動亮燈。此外裏面並備有肥皂、衛生紙，供乘客使用。

呼叫鈕 ＊紙袋

　　在扶手（armrest）的地方有呼叫鈕（call button），可以用來呼叫空中小姐，不過此鈕大多是用拉的，不是用按的。此外，在椅背的口袋內備有紙袋，可供暈機嘔吐或一般裝垃圾用。

毛毯、枕頭、報章雜誌

　　飛機上備有毛毯（blanket）、枕頭（pillow），可以讓旅客好好休息。這些東西大多放在座位上面的架子上，如果沒有，就問空中小姐。另外在椅背的口袋內，有航空公司發行的飛行雜誌（In-flight magazine），提供旅行的資料，飛行路線圖等，非常便利。機上另有普通的週刊、報紙供乘客閱覽，可向空中小姐索取。

借耳機

　　在飛機內為了不使乘客感到無聊，有耳機（headset）可以借給乘客欣賞音樂或電影。將耳機插在扶手的插座，撥鍵盤即可選節目。

在飛機上用飲料

在飛機上用餐前會供應飲料。果汁、可樂等清涼飲料（soft drinks）是免費的，但酒類（alcoholic drinks）多半要付錢。不過因為免稅，所以比市價便宜很多。

在飛機上用餐

飛機上隨飛行時刻的長短，而有正餐、便餐（light meal）。其中開胃冷盤、沙拉、甜點是固定的，主菜則有兩種，可先看菜單再作選擇。餐盒會附有餐巾、刀叉、湯匙和調味粉，包括鹽、胡椒、糖、奶精，特別小心不要放錯了。

著陸

飛機在快著陸（landing）時，前面的NO SMOKING和FASTEN SEAT BELT燈號會再度亮起。這時要繫上安全帶，把座位的椅背還原豎直，把餐桌收回原來的位置。然後飛機就開始降落，機長會報告當地的時間、天氣、溫度等。

過境和轉機

過境（transit）是指在長途飛行中，飛機因加油或其他原因而暫時停在機場。停留的時間通常約一個小時，然後再起飛。搭同一班飛機繼續旅行的乘客，稱為過境旅客（transit passenger）。過境旅客和在機場下機的乘客有別，他們通常會被發給一張過境卡（Transit Card），然後到機場的過境室內休息，等再登機時交回，故須將此卡保管好。轉機（transfer）的乘客是在機場下機的一員，他們要先到航空公司的櫃枱辦理登記（check-in）手續。通常在機場的接待室內即有轉機或繼續搭機（Flight connection）的專用櫃台，為乘客辦手續。

IV 飛機上實用字彙

airport〔'ɛr,port〕*n.* 機場
airplane〔'ɛr,plen〕*n.* 飛機
captain〔'kæptɪn〕*n.* 機長
stewardess〔'stjuwɚdɪs〕*n.* 空中小姐
steward〔'stjuwɚd〕*n.* 空中少爺

~~~~~~~~~~~~~~~~~~~~~~~~~~~~~~

smoking area〔'smokɪŋ ,ɛrɪə〕*n.* 吸煙區
non-smoking area〔'nɑn 'smokɪŋ ,ɛrɪə〕*n.* 非吸煙區
window seat〔'wɪndo ,sit〕*n.* 靠窗座位
aisle seat〔'aɪl ,sit〕*n.* 靠道座位
seat number〔'sit ,nʌmbɚ〕*n.* 座位號碼

~~~~~~~~~~~~~~~~~~~~~~~~~~~~~~

seat belt〔'sit ,bɛlt〕*n.* 安全帶
life vest〔'laɪf ,vɛst〕*n.* 救生衣
call button〔'kɔl ,bʌtn̩〕*n.* 呼叫鈕
airsickness〔'ɛr,sɪknɪs〕*n.* 暈機 airsickness bag 嘔吐袋
waste bag〔'west ,bæg〕*n.* 垃圾袋
headset〔'hɛd,sɛt〕*n.* 耳機

~~~~~~~~~~~~~~~~~~~~~~~~~~~~~~

take off 起飛
land〔lænd〕*v.* 降落
stop over〔'stɑp ,ovɚ〕*n.* 中途停留
transit〔'trænsɪt,-zɪt〕*n.* 過境
transfer〔træns'fɝ〕*n.* 轉機
International Date Line〔,ɪntɚ'næʃənl̩ 'det,laɪn〕*n.* 國際換日線

2. 入境與海關
Immigration & Customs

I 入境與海關實用語句

答移民局官員 ── 旅行目的

1. I am here for

sightseeing.
immigration.
employment.
studying.

我來這裏

觀光。
移民。
受雇。
求學。

* 回答時可省略 I am here for。

2. I am here to

see the sights.
visit my friends.
attend a conference.

我來這裏

觀光。
訪友 。
參加會議。

* 回答時可省略 I am here。

3. I am here on

a pleasure trip.
market research.
business.

我來這裏

觀光。
做市場調查。
辦事。

* 回答時可省略 I am here on。

4. I am here on a student visa.
    我是持學生簽證來的 。

答停留多久

1. I am staying (here) | one month.
about three weeks.
just one day. |

我將（在這裏）停留 | 一個月。
約三週。
只有一天。 |

* 回答時可省略 I am staying here。

2. I am | only
just | | passing through the country.
staying briefly in the country.
having a stopover before going to the U.S. |

我只是 | 過境貴國。
在這個國家做短暫的停留。
在去美國之前做中途停留。 |

3. How long can I stay?　我能待多久？

| What must I do
What procedures do I have to take
What procedures must I follow | if I want to stay
longer? |

如果我要待久一點，要辦什麼手續？

答住宿地點

I | am planning to
will | stay at the Hilton Hotel.

我 | 打算
會 | 住在希爾頓飯店。

答海關官員

1. This is all of my packages. 這是我所有的行李。

2. This is a list of all I have. 這是我全部東西的清單。

3. | Do I have to | open all of my packages?
   | Must I |

   我得打開所有的行李嗎?

答行李用途

1. These are all personal | effects. | 這些都是私人物品。
   | belongings. |

2. | It | is for my | personal | use.
   | This camera | | own |
   | That tape recorder | | private |

   | 那 | 是我自己要用的。
   | 這架照相機 |
   | 那架錄音機 |

3. | These clothes | are for my own use.
   | Those jewels |

   | 這些衣服 | 是我自己要用的。
   | 那些珠寶 |

4. These are all presents for my friends.
   這些都是給朋友的禮物。

This is a ┌─────────┐ for a friend.
         │ gift │
         │ souvenir│
         └─────────┘

這是給我朋友的 ┌─────┐
         │ 禮物 。│
         │ 紀念品。│
         └─────┘

5. Almost all are gifts for people in another country.
　 幾乎全部都是給其他國家人的禮物。

6. It is not for sale. 那不是要賣的。

行李有易碎品，請求小心處理

1. Be careful with that; it has ┌─────────┐ ┌────────┐ in it.
　 │ fragile │ │ objects│
　 │ breakable│ │ things │
　 └─────────┘ └────────┘

　　 小心那個，裏面有易碎的東西。

2. There are breakables in here. Be careful.
　 這裏面有易碎的東西，小心！

3. Please be careful; some of them are breakable.
　 小心，有些是易碎的東西。

行李申報與繳稅

1. I don't have anything to declare.
　 我沒有什麼東西要申報。

2. Must I pay duty on this? 這東西我要付稅嗎？

3. Are these things duty free? 這些東西免稅嗎？

4. What is the limit on duty-free liquor and tobacco?
　 可以買多少免稅煙酒？

5. What is the most duty-free liquor and tobacco I can
　 take? 我最多可以帶多少免稅煙酒？

Ⅱ 入境與海關實況會話⑴

Immigration

入　境

（ I ＝ Immigration Officer 移民局官員，P ＝ Passenger 旅客 ）

I : Next. Can I have your passport, your immigration form, and your customs declaration form, please?

下一位。我可以看你的護照、入境登記表和報關單嗎？

P : O.K. Here they are.

好，在這裏。

I : How long will you be staying in the United States?

你要在美國待多久？

P : About three weeks. 大約三個禮拜。

I : And what's the purpose of your visit?

你旅行的目的是什麼？

P : Sightseeing. 觀光。

I : And where will you be staying? 你要住在那裏？

P : At the Hilton Hotel in Los Angeles.

洛杉磯的希爾頓飯店。

I : O.K. Could you put your hand baggage on the counter, please? Do you have any gifts, plants, or food in here?

好，請你把手提行李放在櫃枱上好嗎？你有沒有帶什麼禮物、植物或食品來這裏？

P : Yes, I have some Taiwanese bananas in my suitcase.

有，我的手提箱裏有一些台灣的香蕉。

I : O.K. Take that bag, please. See, go to Counter 2, down there.

　　好，請把那個袋子帶著。瞧，到那邊的 2 號櫃枱。

P : O.K. 好。

---

* immigration 〔͵ɪmə'greʃən〕*n.* 入境　immigration form 出入境登記表（＝ embarkation／disembarkation card）

　　customs declaration form *n.* 關稅申報單

　　sightseeing 〔'saɪt͵siŋ〕*n.* 觀光　　hand baggage *n.* 手提行李

　　counter 〔'kaʊntɚ〕*n.* 櫃枱

Ⅱ 入境與海關實況會話(2)
Customs
海　關

（ **C＝Customs Officer** 海關人員 , **P ＝ Passenger** 旅客 ）

C : Could you put your suitcase on the counter, please, and open it ? What's this?

　　請你把手提箱放在櫃枱上，並打開來好嗎？這是什麼？

P : That's a package of green tea.

　　那是一包綠茶。

C : O.K., and what's this ? 好，這是什麼？

P : Those? Those are Taiwanese bananas.

　　那些？那些是台灣香蕉。

C : I'm sorry, sir, you can't bring fresh fruit into the United States. I'm going to have to confiscate these.

　　抱歉，先生，你不能帶新鮮水果進入美國，我得沒收這些東西。

P : Oh, that's too bad. 哦，太可惜了。

C : Well, don't worry. There's plenty of good fresh fruit here in California.

　嗯，別發愁，加利福尼亞有很多新鮮的水果。

P : Thanks. I'll remember that. 謝謝，我會記住。

C : O.K. Here is your declaration form. Give it to the attendant at the exit. And have a nice trip.

　這是你的申報單，交給出口的服務員，祝你旅途愉快。

P : Thanks. Goodbye. 謝謝，再見。

C : Bye-bye. O.K. Next. 再見。好，下一位。

～～～～～～～～～～～～～～～～～～～～

C : Is this all you have? 這是你全部的行李嗎？

P : Yes. This and this. 是的，這個和這個。

C : Please open your baggage. 請打開你的行李。

P : Okay. 好。

C : What's in this? 這裏面是什麼？

P : This is a transistor radio. 這是一台電晶體收音機。

C : Is this a gift. 是禮物嗎？

P : No, it's for my personal use. 不，是我自己要用的。

C : Do you have anything to declare? 你有什麼要申報嗎？

　你有什麼要申報嗎？

P : No I don't. 沒有。

～～～～～～～～～～～～～～～～～～～～

C : How many bottles of alcoholic beverages do you have?
你有幾瓶酒?

P : Two bottles. 兩瓶。

C : You haven't declared this, have you?
你沒有申報這個,對吧?

P : No, this is a souvenir from a friend.
不,這是朋友給我的紀念品。

C : You have to pay for this camera. 你得付這架照相機的稅。

P : No, please don't. This is for my own use.
不,請不要,這是我自己要用的。

C : You have quite a lot of gifts. You have to pay tax for
this and this. 你有很多禮物,你必須付這個和這個的稅。

P : Almost all are gifts for people in another country.
幾乎全部都是給另一個國家的人的禮物。

C : Then may we keep these at customs till you leave from
this airport?
那麼我們可以把這些東西留在海關,直到你從這個機場離開嗎?

P : Yes, please follow the necessary procedures.
好,請遵循必要的手續。

---

* customs 〔'kʌstəmz〕 n. 海關　　green tea 綠茶
  confiscate 〔'kɑnfɪsˌket〕 v. 沒收　　That's too bad. 太可惜了。
  plenty of 許多　　I'll remember that. 我會記住那點。
  attendant 〔ə'tɛndənt〕 n. (公司、加油站等的) 服務員
  exit 〔'ɛgzɪt, 'ɛksɪt〕 n. 出口
  transistor 〔træn'zɪstɚ, -'sɪs-〕 n. 電晶體　　～ radio 電晶體收音機
  declare 〔dɪ'klɛr〕 v. 申報

Ⅲ 入境與海關實況簡介

填寫出入境登記表

　　當飛機到達目的地時，空中小姐會分發旅客出入境登記表（Immigration Form或E/D Card）。乘客在飛機上要先將此表填好，等入境檢查（Immigration）時，和護照一起拿出來給辦事員看。美國的入境證稱為 I-94。在填寫時要用印刷體（block letters），不能用草寫體。

☞ 出入境登記表上的用語

Family Name/Surname 姓　　First Name/Given Name 名
Sex 性別　　　　　　　　　Male（M）/Female（F）男/女
Date Of Birth 生日　　　　Day/Month/Year 日/月/年
Country Of Citizenship/Nationality 國籍
Country Of Residence 居住國　Home Address 居住地址
U.S. Address/Address（While）In The U.S. 在美地址
Length Of Stay 停留時間
Purpose Of Travel/Trip 旅行目的
Business 商務　Pleasure 觀光　Visit 探親　Study 求學
Kind Of Visa 簽證種類
Entry 入境　Transit 過境　Tourist 觀光
City Where Visa Was Issued 簽證發給地
Passport NO. 護照號碼　　　Occupation 職業
Airline & Flight NO. or Ship Name 航空公司班機或船名
Departed From/From Where 出發地
Destination/To Where 目的地
Signature Of Passenger 旅客簽名

　　＊ 上列用語也適用於其他表格。

● 出入境登記表

I-94	IMMIGRATION AND NATURALIZATION SERVICE ARRIVAL/DEPARTURE RECORD	Form Approved OMB No. 1115-077 Expires 8-31-85

WELCOME TO THE UNITED STATES

INSTRUCTIONS

- ALL PERSONS EXCEPT U.S. CITIZENS MUST COMPLETE THIS FORM. A SEPARATE FORM MUST BE COMPLETED FOR EACH PERSON IN YOUR GROUP.

- TYPE OR PRINT LEGIBLY WITH PEN IN ALL CAPITAL LETTERS. USE ENGLISH. DO NOT WRITE ON THE BACK OF THIS FORM.

- This form is in two parts, an ARRIVAL RECORD (Items 1 through 7), and a DEPARTURE RECORD (Items 8 through 10). *You must complete both parts.* Enter exactly the same information in spaces 8, 9, and 10 as you enter in spaces 1, 2, and 3.

  Item 7. If you entered the United States by land, enter "LAND" in this space.

- WHEN YOU HAVE COMPLETED ALL REQUIRED ITEMS, PRESENT THIS FORM TO THE U.S. IMMIGRATION AND NATURALIZATION INSPECTOR.

ADMISSION NUMBER

297-00671944

I-94 ARRIVAL RECORD (Rev. 1-1-83)N

1. FAMILY NAME (SURNAME) *(leave one space between names)*

L E E

FIRST (GIVEN) NAME *(do not enter middle name)*

W E N - L I N G

2. DATE OF BIRTH

DAY | MO. | YR.

1 5 0 6 6 3

3. COUNTRY OF CITIZENSHIP

R E P O F C H I N A

4. COUNTRY OF RESIDENCE *(country where you live)*

R E P O F C H I N A

5. ADDRESS WHILE IN THE UNITED STATES *(Number and Street)*

5 5 7 3 S O U T H M A R Y L A N D A V

City

C H I C A G O

State

I L L I N O I S

6. CITY WHERE VISA WAS ISSUED

T A I P E I

7. AIRLINE & FLIGHT NO. OR SHIP NAME*

C I N W 0 0 2

THIS FORM IS RE-QUIRED BY THE IMMIGRATION AND NATURALIZATION SERVICE, UNITED STATES DEPART-MENT OF JUSTICE.

WARNING
- A nonimmigrant who accepts un-authorized employment is subject to deportation.

```
                IMPORTANT
• Retain this permit in your posses-
  sion; you must surrender it when
  you leave the U.S. Failure to do so
  may delay your entry into the U.S.
  in the future.

ADMISSION NUMBER
297-00671944
8. FAMILY NAME (SURNAME) (same as Family Name in Item 1 above)
L E E
FIRST (GIVEN) NAME (same as First Name in Item 1 above)
W E N - L I N G
9. DATE OF BIRTH          10. COUNTRY OF CITIZENSHIP (same as Item 3 above)
(same as Item 2)
DAY  MO.  YR.             R E P  O F  C H I N A
1 5  0 6  3               SEE REVERSE SIDE FOR OTHER IMPORTANT INFORMATION

U.S. IMMIGRATION AND      I-94 DEPARTURE RECORD
NATURALIZATION SERVICE    (Rev. 1-1-83)N          STAPLE
                                                  HERE
```

入境管理

　　從飛機上下來後，朝著寫有Exit（出口）的方向走，再到入境櫃枱。在這裡移民局官員（Immigration Officer）會看你的護照，並問你一些問題。這些問題大致上是固定的，包括問旅行的目的、停留時間及住宿的地方等，因此可以預先準備如何用英語回答，有時還會被要求出示回程的飛機票。總之在入境檢查時，不妨放輕鬆些。

報關

　　通過入境檢查後，如果有託運的行李，就到行李領取處領取行李，接著就是通關（customs clearance），這時要拿出在飛機上預先塡好的報關單（Customs Declaration Form）給海關人員看。報關單見下頁圖例。

免稅品、違例品

　　以美國爲例，可以帶進美國的免稅品有酒一瓶、香煙200支，另外還有約一百美元的禮品。如果超過這些，就要課稅。至於個人的隨身用品是不會課稅的。但如果超過恰當的數量，而引起銷售的嫌疑的話，也有可能會被課稅。另外，水果、植物及肉類等，因爲檢疫上的理由，是禁止携入的，如果帶這些東西去，會被海關沒收。

● 關稅申報單

WELCOME
TO THE
UNITED STATES

DEPARTMENT OF THE TREASURY
UNITED STATES CUSTOMS SERVICE

·CUSTOMS DECLARATION

FORM APPROVED
OMB NO. 1515-0041

Each arriving traveler or head of family must provide the following information (only **ONE** written declaration per family is required):

1. Name: *WANG*　　*CHI-MING*
   Last　　　First　　　Middle Initial

2. Number of family members traveling with you ---- *TWO*

3. Date of Birth: *6* | *10* | *61*　4. Airline/Flight: *PA 001*
   Month　Day　Year

5. U.S. Address: ----
   HILTON HOTEL, NEW YORK

6. I am a U.S. Citizen　　　　　　　　　　YES ☐　NO ☑
   If No, Country: *REP OF CHINA*

7. I reside permanently in the U.S.　　　YES ☐　NO ☑
   If No, Expected Length of Stay: *A MONTH*

8. The purpose of my trip is or was
   ☐ BUSINESS　☑ PLEASURE

9. I am/we are bringing fruits, plants, meats, food, soil, birds, snails, other live animals, farm products, or I/we have been on a farm or ranch outside the U.S.　　YES ☐　NO ☑

10. I am/we are carrying currency or monetary instruments over $10000 U.S. or the foreign equivalent.　　YES ☐　NO ☑

11. The total value of all goods I/we purchased or acquired abroad and am/are bringing to the U.S. is (see instructions under Merchandise on reverse side; visitors should report value of gifts only):　$ *1000*
    U.S. Dollars

SIGN ON REVERSE SIDE AFTER YOU READ WARNING.

(Do not write below this line.)

INSPECTOR'S NAME	STAMP AREA
BADGE NO.	

Paperwork Reduction Act Notice: The Paperwork Reduction Act of 1980 says we must tell you why we are collecting this information, how we will use it and whether you have to give it to us. We ask for this information to carry out the Customs, Agriculture, and Currency laws of the United States. We need it to ensure that travelers are complying with these laws and to allow us to figure and collect the right amount of duties and taxes. Your response is mandatory.

Customs Form 6059B (051184)

CAL 2-03002A　　74·3·50,000　　PRINTED IN TAIWAN, REPUBLIC OF CHINA

Ⅳ 入境與海關實用字彙

disembarkation card〔͵dɪsɛmbɑrˋkeʃən ͵kɑrd〕*n.* 旅客入境登記表

embarkation card 旅客出境登記表

E/D card 旅客出入境登記表

passport〔ˋpæs͵port,-͵pɔrt〕*n.* 護照　　passport number 護照號碼

visa〔ˋvizə〕*n.* 簽證　　visa number 簽證號碼

immigration〔͵ɪməˋgreʃən〕*n.* 入境（管理）；驗照

immigration officer 移民局官員

purpose of visit〔ˋpɝpəs əv ˋvɪzɪt〕*n.* 旅行目的

sightseeing〔ˋsaɪt͵siɪŋ〕*n.* 觀光

commercial survey〔kəˋmɝʃəl sɚˋve〕*n.* 商業考察

～～～～～～～～～～～～～～～～～

customs〔ˋkʌstəmz〕*n.* 海關　　customs officer 海關官員

declare〔dɪˋklɛr〕*v.* 申報

customs declaration〔ˋkʌstəmz ͵dɛkləˋreʃən〕*n.* 海關申報

currency declaration〔ˋkɝənsɪ͵dɛkləˋreʃən〕*n.* 貨幣申報

customs declaration form 關稅申報單

duty〔ˋdjutɪ〕*n.* 關稅

duty-free article〔ˋdjutɪ ˋfri ˋɑrtɪkḷ〕*n.* 免稅品

hazardous material〔ˋhæzɚdəs məˋtɪrɪəl〕*n.* 違禁品

dutiable article〔ˋdjutɪəbḷ ˋɑrtɪkḷ〕*n.* 課稅品

personal effects〔ˋpɝsnḷ ɪˋfɛkts〕*n.* 私人用品

personal use〔ˋpɝsnḷˋjus〕*n.* 自用

gift〔gɪft〕*n.* 禮物

confiscate〔ˋkɑnfɪs͵ket〕*v.* 沒收

quarantine〔ˋkwɔrən͵tin,ˋkwɑr-〕*n.* 檢疫（處）

yellow book〔ˋjɛlo ͵bʊk〕*n.* 黃皮書

3. 遺失行李

Losing Baggage

I 遺失行李實用語句

找不到行李時

1. I can't find my baggage. 我找不到行李。

2. My baggage seems to be missing.

   我的行李好像失踪了。

3. My bags have not arrived. 我的行李沒有到。

4. One of my bags hasn't come. 我的行李少了一個。

描述遺失的行李

1. A large dark red case with wheels.

   一個大的暗紅色箱子，有輪子。

2. A medium-sized black suitcase with a yellow strap around it. 一個中型的黑色手提箱，紮有黃色的帶子。

3. A large green backpack with an aluminum frame.

   一個大的綠色有鋁架的背袋。

4. It's got all my ┌─────────┐ in it.
                    │ clothes │
                    │ valuables │
                    └─────────┘

   裏面有我全部的 ┌─────────┐
                  │ 衣服。   │
                  │ 貴重物品。│
                  └─────────┘

跟航空公司交涉

1. What happens if you don't find it?
   如果你們找不到怎麼辦？

2. I must have my suitcase by tomorrow.
   明天之前我一定要有我的手提箱。

3. Please contact me at the Hilton Hotel, Room 731.
   請聯絡我住的希爾頓飯店 731 室。

4. Please send my baggage to the hotel as soon as you find
   it. 你們一找到就儘快把我的行李送到飯店來。

5. Can I buy some daily necessities on the airline's account?
   我可以買一些日用品，記航空公司的帳嗎？

行李破損‧請求賠償

1. My baggage is damaged.
   我的行李破了。

2. I would like to be compensated for the damage to my
   bags. 我行李破損，想請求賠償。

Ⅱ 遺失行李實況會話
Losing Baggage
遺　失　行　李

（ **Pa**＝**Passenger** 旅客, **Po**＝**Porter** 脚夫 , **C**＝**Clerk** 職員 ）

Pa : Excuse me. Is that all the baggage?
　　　抱歉，這是全部的行李嗎？

Po : Yes, I think so.
　　　我想是。

Pa : I can't find my baggage. And everyone else's has arrived.
　　　我找不到我的行李，而且其他人的行李都到了。

Po : I think you'd better see that man over there.
　　　我想你最好找那邊那個人。

Pa : Thank you.
　　　謝謝你。

Pa : Excuse me. My baggage seems to be missing.
　　　抱歉，我的行李好像失踪了。

C : How many pieces?
　　　有多少件？

Pa : Just one. A large light blue suitcase with wheels.
　　　只有一件，一個大的淺藍色手提箱，有輪子。

C : Could I see your baggage claim tag, please? Thank you.
　　　You were on Flight 304 from San Francisco, right?
　　　請讓我看你的行李籤條。謝謝，你是從舊金山搭304次班機，對嗎？

Pa : Yes. 對。

C : Could I have your name?
    請問你的名字?

Pa : Chung-ming Lee. 李忠明。

C : Could you spell that, please?
    請拼出來好嗎?

Pa : C-H-U-N-G M-I-N-G L-E-E.
    C-H-U-N-G M-I-N-G L-E-E。

C : O.K. Just a moment, and I'll check on it for you.
    Well, sir, your baggage seems to have been misplaced.
    好,請等一下,我替你查查。嗯,先生,你的行李好像被放錯了
    地方。

Pa : But it's got all my clothes in it!
    但是我全部的衣服都在裏面。

C : I'm terribly sorry. We'll do our best to get it back to
    you as soon as possible. Please fill out this claim form
    with your tag number.
    非常抱歉,我們會盡力儘快替你找回來,請把你的籤條號碼填在
    這張申報單上。

Pa : O.K.
    好。

C : Where and how long will you be staying in L.A.?
    你在洛杉磯要住在那裏?要待多久?

Pa : Well, at the Bonaventure Hotel, at least for two or three days.

嗯，在波那芬卻爾飯店，至少待兩三天。

C : We'll contact you as soon as we find your suitcase and we'll deliver it to your hotel.

我們一找到你的手提箱就會通知你，並送到你住的飯店。

Pa : What happens if you don't find it?

萬一你們找不到呢？

C : Well, of course, in that case the airline will pay you compensation. But I'm sure we'll find it soon.

嗯，當然如果那樣的話，航空公司會賠你，但我相信我們很快就會找到。

Pa : I hope so. Thank you.

我希望如此，謝謝。

* porter 〔 'portɚ, 'pɔr- 〕 *n.* (搬運行李的) 脚夫
  missing 〔 'mɪsɪŋ 〕 *adj.* 失踪的　　clerk 〔 klɝk 〕 *n.* 職員
  How many pieces? 有幾件 (行李)？
  claim 〔 klem 〕 *n.* (權利、資格等的) 要求；聲言
  tag 〔 tæg 〕 *n.* 標籤；籤條　　baggage claim tag *n.* 行李籤條
  misplace 〔 mɪs'ples 〕 *v.* 誤放　　*get ~ back to* 把~送回
  fill out 填寫 (表格、文件等)　　tag number *n.* 籤條號碼
  deliver 〔 dɪ'lɪvɚ 〕 *v.* 遞送　　*What happens if ~*? 萬一~呢？
  compensation 〔 ˌkɑmpən'seʃən 〕 *n.* 賠償 (金)

Ⅲ 遺失行李實況簡介

領取行李

　　過了入境管理處，就走到領取行李（Baggage　Claim）的地方，在這裏稍候片刻即可領到行李。

要好好保管行李籤條

　　在辦理登記手續（check- in ）時，行李都會附上寫著目的地的籤條，其中半張會交給乘客，這就是行李籤條（Baggage Claim Tag）。萬一沒找到行李時，就可以拿著Claim Tag到航空公司詢問。因此必須好好保管籤條。

未找到行李時

　　未找到行李時，旅客必須拿著籤條，到行李領取區（Baggage Claim Area）內的行李服務處（Baggage Service），將姓名、聯絡旅館及籤條號碼填寫在申報單（Claim Form）上，等待航空公司的聯絡。如果行李延遲很久還未送到，乘客的盥洗用具、內衣等生活必需品，可以由航空公司負責購買。但這是要經過交涉的。在這整個的交涉過程中，對方會詢問你行李的顏色、大小、形狀及裏面的東西，所以為了預防萬一，最好能記清楚自己帶的行李特徵，並事先將裏面的東西一一登記下來，一旦遇到這種情況，對自己就會大有幫助。

行李破損時

行李破損的很嚴重時，處理方法和
行李未到的情況相同。旅客可以拿著申
報單到航空公司的辦事處，要求賠償一
定的基本金額。如果走出行李領取區（
Baggage Claim Area)才發現行李有破
損，就不能要求賠償了。但是如果預先
寫好申報文件，回國後仍有可能得到賠
償。總之，領行李是很重要的事，須好
好處理。

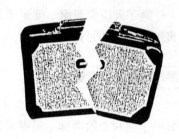

航空公司賠償多少？

行李完全遺失時，航空公司照規定的金額賠償。攜入飛機內的隨身
行李最多四百美元，託運的行李，每公斤最多二十美元。申請賠償時，
被害者一定要提出申報單。追究責任、強硬要求等交涉技術是必要的，
而且要確實弄清與你交涉的人的姓名。

貴重物品不能放在行李內

航空公司託運的行李，有可能被盜或遺失，因為任何人用鑰匙之類
的東西，就能輕易地打開行李，所以現金、護照及貴重的東西，絕不能
放在行李內。

Ⅳ 遺失行李實用字彙

baggage（美）; luggage（英）〔'bægɪdʒ; 'lʌgɪdʒ〕*n.* 行李

suitcase〔'sut,kes,'sjut-〕*n.* 手提箱

handbag〔'hænd,bæg〕*n.* 手提袋

backpack〔'bæk,pæk〕*n.* 背袋

～～～～～～～～～～～～～～～～～

carried baggage〔,kærɪd 'bægɪdʒ〕*n.* 手提行李

checked baggage〔,tʃɛkt 'bægɪdʒ〕*n.* 託運行李

～～～～～～～～～～～～～～～～～

baggage claim tag〔'bægɪdʒ'klem ,tæg〕*n.* 行李籤條

tag number〔'tæg ,nʌmbɚ〕*n.* 籤條號碼

～～～～～～～～～～～～～～～～～

claim form〔'klem ,fɔrm〕*n.* 申報單

compensation〔,kɑmpən'seʃən〕*n.* 賠償

～～～～～～～～～～～～～～～～～

baggage claim〔'bægɪdʒ ,klem〕*n.* 機場領行李處

baggage service〔'bægɪdʒ ,sɝvɪs〕*n.* 行李服務處

4. 預訂及確認班機

Reserving & Confirming a Flight

I 預訂及確認班機實用語句

預訂班機

1. I'd like to make a reservation for one for tomorrow.
   我想預訂一張明天的機票。

2. I'd like to book one seat for New York on January 22nd.
   我想訂一張 1 月 22 日飛往紐約的機票。

3. I'm going to fly to San Francisco on March 18th.
   我 3 月 18 日要飛到舊金山。

4. I have to get back to Taiwan as soon as possible.
   我得儘快回台灣。

5. Which plane arrives earliest in New York?
   那班飛機最早到紐約？

6. What time does it leave? 什麼時候出發？

7. What time should I be at the airport?
   我什麼時候要到機場？

8. What time does the plane land at Kennedy Airport?
   飛機什麼時候在甘迺迪機場著陸？

確認班機

1. I'd like to confirm my flight to New York.
   我想確認我到紐約的班機。

2. I reserved flight 72 on the 20th. 我訂了 20 號的 72 次班機。

3. I would like to reconfirm my reservation, please.
   我想再確認我的訂位。

4. Is my flight confirmed now?
   我的班機確定了嗎？

變更班次

1. I'd like to change my flight.
   我想變更班次。

2. Could you find me another flight on the same day?
   你可不可以替我找同一天的另外班次？

3. Can I change my flight to a different day?
   我可以換另一天的班機嗎？

4. Will you endorse my air ticket?
   請你替我背書機票好嗎？

取消預訂

I want to cancel my reservation.
我想取消預訂。

Ⅱ 預訂及確認班機實況會話(1)
Reserving a Flight
預 訂 班 機

（ A = Airline Clerk 航空公司職員 , P = Passenger 旅客 ）

A : Pan Am Reservations. Can I help you ?
　　泛美航空公司訂位組，我能效勞嗎 ?

P : Yes. I'd like to make a reservation for one for tomorrow.
　　是的，我想預定一張明天的機票。

A : O.K. What's your destination, please ?
　　好，請問你的目的地 ?

P : New York.　紐約。

A : We have two flights to Kennedy Airport in New York
　　tomorrow, one at 9 a.m. and the other at 2 p.m. Which
　　would you prefer ?
　　明天我們有兩個班次飛往紐約的甘迺迪機場，一班是早上九點，
　　另一班是下午兩點，你要那一班 ?

P : The morning flight, please.
　　請給我早上那班。

A : Do you have your ticket already ?
　　你已經有機票了嗎 ?

P : Yes, I do.　是的，我有了。

A : Your name, please ?
　　請問你的名字。

P : Wei-li Lin.　林偉麗。

A : Could you spell that, please?

請你拼出來好嗎?

P : Sure. L-I-N. Initial W.

好,L-I-N,字首是W。

A : L-I-N. Initial W. All right, Miss Lin, your flight is confirmed for Flight 144, leaving at 9 tomorrow morning. Please be at the airport by 8 for check-in. And thank you for flying with Pan Am.

Lin,字首W,好,林小姐,你的班機已經確定爲144次班機,明天早上九點起飛。請在八點之前來登記。謝謝你搭乘泛美。

P : Thank you. 'Bye. 謝謝你,再見。

A : Goodbye. 再見。

---

* destination 〔͵dɛstə'neʃən 〕 *n.* 目的地

initial 〔 ɪ'nɪʃəl 〕 *n.* (姓名)字首　　　confirm 〔 kən'fɝm〕 *v.* 確認

check-in〔 'tʃɛk͵ɪn 〕 *n.* 辦理搭機登記手續

Ⅱ 預訂及確認班機實況會話(2)

Confirming a Flight

確 認 班 機

(**A = Airline Clerk** 航空公司職員 , **P = Passenger** 旅客)

A : Pan Am Reservations. Debbie speaking.

泛美航空公司,這是戴比。

P : I'd like to confirm my flight to Taiwan, please.

我想確認我到台灣的班機,麻煩你了。

A : Yes. Flight number and date, please.

好，請說班次和日期。

P : Flight 1, departing on April 2 from Los Angeles.

1 號班機，4 月 2 日從洛杉磯出發。

A : April 2, Flight 1. And your name?

4 月 2 日，1 號班機。你的姓名？

P : Hsueh-wen Ch'en. I'll spell out the last name for you.
C-H-E-N.

陳學文，我把姓拼出來，C-H-E-N。

A : Thank you. Yes, Mr. Ch'en, your flight is confirmed.
You'll be flying from Los Angeles to Taiwan on Pan
Am Flight 1, departing at 12 noon on April 2.

謝謝你。好，陳先生，你的班機已經確認，你將在 4 月 2 日中午
12 點搭乘泛美航空公司 1 號班機從洛杉磯起飛。

P : Good. 好。

A : And where can we contact you?

我們可以在那裏和你聯絡？

P : I'm staying at the Bonaventure Hotel. Room 2844. The
phone number is 624-1000.

我住在波那芬卻爾飯店，2844 室，電話是 624-1000。

A : Thank you, Mr. Ch'en, and please be at the airport two
hours before departure.

謝謝你，陳先生，請在出發前兩小時到機場。

P : I will. Thank you. May I have your name again, please?

我會的，謝謝你，請再說一次你的名字好嗎？

A :　Debbie. 戴比。

P :　Thank you, Debbie. Goodbye.

　　謝謝你，戴比，再見。

A :　'Bye. 再見。

　＊ confirm〔kən'fɝm〕*v*. 確認；證實
　　flight〔flaɪt〕*n*. 飛行（班次）
　　depart〔dɪ'pɑrt〕*v*. 出發（*n*. departure〔dɪ'pɑrtʃɚ〕）
　　flight number　班次　　　contact〔'kɑntækt〕*v*. 聯絡；接觸
　　624-1000 唸 six, two, four, one thousand 但電話號碼通常是一個字一個字
　　唸，如果最後是 00 …，最好也照著唸 zero, zero … 比較清楚。

First choice.

Ⅲ 預訂及確認班機實況簡介

預訂班機

　　決定了目的地和日期後，要儘快預訂機票。旅客可以在本國預先買回程的機票（Air Ticket），如果還沒有確定行程，也可以在到達目的地後再訂票。這時可在機場或市內的航空公司櫃台買票，也可以直接用電話訂票，如會話中所示。

仔細看機票

　　在一本機票上，有許多資料。機票有四張聯票的，也有兩張聯票的，聯票的張數和旅程的區間數相同。在辦理搭機登記手續時，要將此機票本（Flight Coupon）交出，以換取登機證（Boarding Pass），他撕去一張後，就會還給你。

　　＊ coupon〔'kupɑn〕*n.* 聯票

☞ 機票上的用語

Name of passenger	旅客姓名
From, To	出發地，目的地
Carrier	航空公司
Flight	飛機班次
Date, Time	年月日，時
Status	預訂狀況
OK	預訂好
RQ	尚未預訂
Y	普通飛機的簡稱

```
ISSUED BY  CATHAY PACIFIC AIRWAYS LIMITED          PASSENGER TICKET
                                                   AND BAGGAGE CHECK    FROM                    DATE AND PLACE OF ISSUE
RESTRICTIONS/ENDORSEMENTS (CARRIER)                SUBJECT TO CONDITIONS OF                      17MAY5
NONEND NONRFD NONREND W/O REF                      CONTRACT ON REVERSE OF   DESTINATION         CATHAY PACIFIC
TPECX/JYE1=0.1572/CONJ 446002                      PASSENGER COUPON     ISSUED IN EXCHANGE FOR      AIRWAYS
2153                                                                                           TAIPEI 04(9)
LIU/WENCHING MR                                    NOT TRANSFERABLE  CONJUNCTION TICKETS          1296
NO      NOT GOOD FOR PASSAGE        CARRIER  FLIGHT  CLASS  DATE   TIME  STATUS  FARE BASIS TKT DESIGNATOR  NOT VALID  NOT VALID  ALLOW
                                                                                                          BEFORE     AFTER
   TOKYO                            NRTCX    451    Y    26MAY  1625  OK  Y/58                                          20K
   TAIPEI                                    VOID
   VOID                                      VOID
   VOID                                      VOID
   VOID
                           FARE CALCULATION
JYE     66100  26MAY85TYO CX TPE66100JYE66100
NTD     10437
          BAGGAGE CHECKED      PCS       WT    UNCK WT    PCS     WT    UNCK WT   PCS     WT    UNCK WT
          (UNCHECKED)
NTD     10437
        M2153            O  160  4460829159  3  O          INV (NX FUCO AGT3400022) + MS
                                                           ORIGINAL ISSUE      DOCUMENT NUMBER  PLACE  DATE      AGENT'S NUMERIC CODE
                         DO NOT MARK OR STAMP IN WHITE AREA ABOVE
```

確認班機

搭乘國際航線的飛機，在預訂好飛機班次之後，必須於搭乘之前加以確認（flight confirmation）。此外在出發的當地如果停留三天以上，規定在出發時間的72小時之前必須再確認（reconfirmation），而且在此時間之外也可要求再確認，因爲班次有取消、延後或重覆訂位（over-booking）的可能。至於搭乘國內航線的飛機，最好也要確認。

用電話確認

處理這件事情的辦事員是負責預訂班次的人，他必須將日期、班次、乘客姓名，及緊急聯絡時乘客住宿的旅館問清楚。乘客也要知道辦事員的姓名，以便緊急聯絡。

變更班次和背書

在變更旅程、重覆訂位，或改搭別家航空公司的班機時，必須辦理變更。這種情況必須得到已訂位航空公司的背書（endorsement），得到背書後再到新航空公司辦理訂位手續。

飛機的時刻表

每家航空公司都有飛行路線的簡明時刻表，這時刻表有 ABC 和 OAG 兩種；雖然厚得像電話簿，但是如果知道查閱的方法，非常方便。ABC 就是按照英文字母的順序，查飛機出發地的都市名；OAG 正好相反，是查目的地的都市名。譬如由紐約（New York）飛往舊金山（San Francisco）的飛機班次，如果是 ABC 時刻表，就查 New York;是 OAG 時刻表，則查 San Francisco。

PAN AM

TRANSPACIFIC SERVICES
EASTBOUND

FLIGHT NO. AIRCRAFT		PA010 747	PA830			PA012 747SP	PA002 747	PA800 747SP	PA016 747SP	
			747	747SF	747					
FREQUENCY		DAILY	MO TH SA SU	TU	WE FR	EX TU WE	DAILY	DAILY	MO	FR
BEIJING	LV								10:35	10:35
SHANGHAI	AR								12:25	12:25
	LV								13:40	13:40
HONG KONG	LV						13:20			
OSAKA	LV	19:30	15:55							
TOKYO	AR		17:10				17:50		17:20	17:20
	LV		21:00	21:00	21:00	18:50	19:30	19:15	18:50	18:45
INT'L DATE LINE										
HONOLULU	AR	07:15	08:25	08:25	08:25					
SAN FRANCISCO	AR					10:40 (D10)		10:40		
	LV					12:10				
LOS ANGELES	AR						11:55 (727)			
	LV						14:30			
LAS VEGAS	AR						15:29			
HOUSTON	AR					17:48				
	LV					18:35				
MIAMI	AR					21:46				
NEW YORK	AR							17:40 (727)		17:10
	LV							19:10		
WASHINGTON, D.C	AR							20:27		

Schedules subject to change without notice.

Ⅳ 預訂及確認班機實用字彙

reserve〔rɪˊzɝv〕*v*. 預訂（機票）　　*n. reservation*

flight number〔ˊflaɪt ˏnʌmbɚ〕*n*. 飛行班次

airlines；airways〔ˊɛrˏlaɪnz；ˊɛrˏwez〕*n*. 航空公司

first class〔ˊfɝst ˏklæs〕*n*. 頭等

economic class〔ikˊnɑmɪk ˏklæs〕*n*. 普通

confirm〔kənˊfɝm〕*v*. 確認　　(re)confirm a reservation（再）
　確認訂位　　*n*. confirmation

cancellation〔ˏkænsəˊleʃən〕*n*. 取消（訂位）

〜〜〜〜〜〜〜〜〜〜〜〜〜〜〜〜〜〜〜〜

direct flight〔dəˊrɛkt ˏflaɪt〕*n*. 直達班機

international flight〔ˏɪntɚˊnæʃənḷ ˏflaɪt〕*n*. 國際班機

domestic flight〔dəˊmɛstɪk ˏflaɪt〕*n*. 國內班機

5. 搭機登記
Check In

Ⅰ 搭機登記實用語句

在登記櫃枱

1. Where is the check-in counter for PA432?
   泛美 432 次班機的登記櫃枱在那裏?

2. I'd like to check in for Flight NO.72.
   我想登記 72 次班機。

3. How much is the airport tax?
   機場稅多少?

4. How much extra do I have to pay?
   我要再付多少呢?

5. I'd like | a window seat, | please.
            | an aisle seat, |

   請給我 | 靠窗 | 的座位。
          | 靠走道 |

6. Window seat at the back, please.
   請給後面靠窗的位子。

7. What is the boarding time?
   登機的時間是什麼時候?

8. Is the flight on time?　飛機準時嗎?

9. Will the plane take off on time?　飛機準時起飛嗎?

10. How long is the flight？ 要飛多久？

11. Where is the duty-free shop？ 免稅商店在那裏？

12. Is Gate 10 this way？ 10號門往這邊走嗎？

出登機門後

1. Is this the right terminal for BA 457？

   這裏是不是英航457班機的候機處？

2. Is Flight 6 for Paris on time？

   往巴黎的六號班機準時嗎？

機場廣播

Pan Am Airlines Flight 8 for New York is now boarding.

泛美公司飛往紐約的8號班機現在登機。

II 搭機登記實況會話
Checking In
搭 機 登 記

（ A ＝ Airline Clerk 航空公司職員，P ＝ Passenger 旅客）

A : Good morning. 早安。

P : Hello. I'd like to check in for Flight No. 72, please.
　　嗨，我想登記七十二次班機。

A : Yes, ma'am. May I have your ticket and passport, please?
　　好，女士，請讓我看你的機票和護照好嗎？

P : Yes, here you are.
　　好，在這裏。

A : Thank you. Would you put your baggage up here?
　　Would you prefer smoking or non-smoking?
　　謝謝你，你把行李放在這上面好嗎？你要吸煙區還是非吸煙區？

P : Smoking, please. 請劃吸煙區。

A : Smoking? O.K. Here's your boarding pass and your ticket
　　with your baggage claim tag.
　　吸煙？好，這是你的登機證和行李籤條。

P : Thanks. Is the flight on time?
　　謝謝。飛機準時嗎？

A : It is. Boarding will begin at Gate 11 in about an hour.
　　準時，大約一小時內在11號門開始登機。

P : Is Gate 11 this way?
　　11 號門往這邊走嗎？

A：Yes. Through security and straight on.
　　是的，通過安全檢查後，一直往前走。

P：Thanks. 謝謝。

A：Enjoy your flight home.
　　祝歸途愉快。

P：Thank you. 謝謝你。

A：You're welcome.
　　不客氣。

---

* ***check in*** 辦理搭機登記手續

　ma'am〔mæm, mɑm〕***n.*** 女士；夫人（對女子的尊稱，＝madam）

　put your baggage up here 把你的行李放在這（秤）上面

　boarding pass ***n.*** 登機證　　***on time*** 準時

　security〔sɪ'kjʊrətɪ〕***n.*** 安全檢查（對行李做X光檢查，對人做身體檢查）

　straight on 直走

Ⅲ搭機登記實況簡介

國際航線的搭機登記手續

　　爲了能有充裕的時間辦理登記手續（check in），你可以在出發的一個半小時前到機場辦理。這個手續是在航空公司的登記櫃枱（Check-in Counter）將機票交出，並將託運行李交給航空公司過磅、貼標籤。這時如果你的行李超過航空公司免費託運的重量，就要付超重運費（excess baggage charge）。另外飛機上有分吸煙區（Smoking area）和非吸煙區（Non-smoking area），所以如果想選座位，就應該儘早去登記。手續完成後，你會拿到載有飛機班次（Flight No.）、登機門（Boarding Gate）、及座號（Seat No.）等的登機證（Boarding Pass），及用來領取行李的行李籤條，這都要注意保管，在抵達目的地之前，不能遺失。

託運行李的限制

　　由航空公司保管運送的託運行李（Checked Baggage），有一定的限制。如果是太平洋航線的普通飛機，行李的長、寬、高合計 158 公分以內的限兩件，但是兩件的總尺寸合計要在 270 公分以內。至於其他航線還有重量的限制：普通飛機，行李限重二十公斤，如果超過這些限制，就要付超重運費（excess baggage charge）。

行李託運到終站

必須轉機才能到達目的地時，行李可直接託運到終點，稱爲 through check。這個手續在搭第一班飛機時就辦好了，轉機時自己不必 去拿行李，行李會自動被運到下班飛機，一起抵達目的地。

安全檢查

不論是國際航線或國內航線，也不論是那個機場，爲了防止刼機事 件，都要做安全檢查（security check），這包括行李檢查（baggage check），和身體檢查（body check）。刀子之類的危險東西要交給空勤人 員保管，等到達目的地再領回來。X光的檢查裝置，大多對膠片的感光 沒有影響，如果不放心，可以事先確定一下。

免稅商店

在國際機場有免稅商店（Duty-Free Shop），你要搭機回國的時候 去那裏買酒、香煙、香水等。價錢比國內便宜很多，但要出示登機證。

記住航空公司的英文縮寫

各航空公司的縮寫都是二個英文字母，如果記住這縮寫，就能立刻 明白機場內的指示標籤。（關於航空公司的縮寫請見P.307，附錄1）。

Ⅳ搭機登記實用字彙

check in〔'tʃɛk,ɪn〕v. 辦理（搭機）登記手續　n. check-in

check-in counter〔'tʃɛk,ɪn 'kaʊntɚ〕n. 搭機登記櫃枱

air ticket;plane ticket〔'ɛr ,tɪkɪt; 'plen ,tɪkɪt〕n. 機票

flight coupon〔'flaɪt ,kupɑn〕n. 機票聯券

through check〔'θru ,tʃɛk〕n. 行李託運至終站

baggage claim tag〔'bægɪdʒ 'klem ,tæg〕n. 行李籤條

excess;overweight〔ɪk'sɛs ; 'ovɚ,wet〕n.(adj.)超重（的）

excess baggage charge〔ɪk'sɛs 'bægɪdʒ ,tʃɑrdʒ〕n. 超重行李費

excess baggage ticket〔ɪk'sɛs 'bægɪdʒ ,tɪkɪt〕n. 超重行李票

airport tax〔'ɛr,port ,tæks〕n. 機場稅

boarding pass〔'bɔrdɪŋ ,pæs〕n. 登機證

～～～～～～～～～～～～～～～～～～

duty-free shop〔'djutɪ 'fri ,ʃɑp〕n. 免稅商店

security check〔sɪ'kjurətɪ ,tʃɛk〕n. 安全檢查

body check〔'bɑdɪ ,tʃɛk〕n. 身體檢查

exit permit〔'ɛksɪt ,pɚ'mɪt〕n. 出境證

entrance permit〔'ɛntrəns ,pɚ'mɪt〕n. 入境證

baggage check〔'bægɪdʒ ,tʃɛk〕n. 行李檢查

boarding gate〔'bɔrdɪŋ ,get〕n. 登機門

Chapter 2

Hotel 旅館

1. 從機場到旅館

From the Airport to the Hotel

I 從機場到旅館實用語句

| 請脚夫帮忙 |

1. Excuse me, where can I get a porter?
   對不起，請問我可以在那裏找到脚夫？

2. Can you help me with my bags?
   你可以幫我拿行李嗎？

3. Please take my bags to the bus stop for the city.
   請把我的行李提到往市區的巴士站。

4. Could you take my bags to the taxi stand, please?
   請你把我的行李提到計程車站好嗎？

5. Can you call me a cab?
   你可以幫我叫一輛計程車嗎？

6. Can I use one of these carts?
   我可以用一輛這裏的推車嗎？

7. Please wait till I change my money.
   請等我換好錢。

8. Please wait till I make a reservation for the
   | airlines. |
   | hotel. |

   請等我訂好　| 航空公司。 |
   　　　　　　| 旅館。 |

9. How much? 多少錢？

10. Here is two dollars. Keep the change.
   這裏是兩塊錢，不用找。(本句中 is 不用 *are*)

搭計程車離開機場

1. Where can I take a taxi?
   我要在那裏搭計程車？
2. Taxi! 計程車！
3. Can you put these two bags in the trunk, please?
   你可以把這兩個袋子放進行李箱嗎？
   * trunk〔trʌŋk〕*n.*〔美〕(汽車的)行李箱(=〔英〕boot)
4. How much is it to the hotel? 到旅館要多少錢？
5. The Hilton, please. 請開到希爾頓飯店。

搭巴士離開機場

1. Where is the bus stop for the city?
   往市區的巴士站在那裏？

2. Is this the Airport | bus? | 這是機場 | 巴士 | 嗎？
   | limousine? | | 小型巴士 |

   * limousine〔'lɪmə,zin, ,lɪmə'zin〕*n.* (接送旅客於市區、機場間的)小型巴士

3. Does this bus stop at the Hilton Hotel?
   這輛巴士會停在希爾頓飯店嗎？

4. How far is the hotel from the terminal?
   旅館離終站多遠？

   * terminal〔'tɝmənḷ〕*n.* (飛機、公車等的)終〔起〕站

5. How much is the bus ride? 搭巴士要多少錢？

6. How often does the bus run? 巴士多久來一班？

   * 有關搭巴士或計程車的實用語句請參閱第三章。

Ⅱ 從機場到旅舘實況會話(1)

Porter & Taxi

脚 夫 與 計 程 車

（ Pa = Passenger 旅客 , Po = Porter 脚夫 , T = Taxi Driver 計程車司機 ）

Pa： Excuse me. 對不起 。

Po： Yes. 什麼事？

Pa： Could you take my bags to the taxi stand, please?
　　　請你把我的行李提到計程車站好嗎？

Po： Sure. This way. 好，這邊走 。

Pa： Thank you. 謝謝 。

Po： This is the taxi stand. Taxi！Here's your taxi, ma'am.
　　　這就是計程車站。計程車！女士，車子來了 。

Pa： Thank you very much.
　　　謝謝你 。

Po： Thank you. 謝謝 。

Pa： Take me to the Hyatt on Sunset, please.
　　　請載我到日落大道的凱悅飯店 。

T： Sure. I'll put your luggage here in the back.
　　　好，我把你的行李放在後面這裏 。

Pa: Thank you. How much would it be from here to the hotel? 謝謝。從這裏到旅館要多少錢?

T : About twenty dollars.
大概 20 元。

Pa: Fine. Shall we go? 好。我們走吧?

T : Certainly. 好的。

* taxi stand *n.* 計程車招呼站　　*Sure.* 當然;好。
This way. 這邊走。　　　back *n.* 後面(此指車後的行李箱)
Fine. 很好。

II 從機場到旅館實況會話(2)
Porter & Bus
脚　夫　與　巴　士

(**Pa** = **Passenger** 旅客 , **Po** = **Porter** 脚夫)

Pa: Excuse me. 對不起。

Po: Yes. 什麼事?

Pa: Please take my bags to the bus stop for the city.
請把我的行李提到往市區的巴士站。

Po: O.K. These here?
好,這些嗎?

Pa: Yes. 對。

Po: All right. Follow me.
好,跟我來。

Pa： How often do the buses run？ 巴士多久來一班？

Po： About every ten to twenty minutes.

大約每十分到二十分一班。

Pa： Does the bus stop at the Bonaventure Hotel？

巴士會停在波那芬卻爾飯店嗎？

Po： No. It goes to the downtown terminal, and then from there you have to take a taxi to your hotel.

不，它會開到商業區終站，你再從那裏搭計程車到旅館。

Pa： How much is the bus ride？ 搭巴士要多少錢？

Po： About three-fifty. Here's your bus stop.

大約三塊半美金。巴士站到了。

Pa： Thank you for your help. 謝謝你的幫忙。

Po： You're welcome. 不客氣。

Pa： By the way, how far is the hotel from the terminal？

對了，旅館離終站多遠？

Po： About ten minutes or so.

約十分鐘左右。

Pa： I see. Thank you.

我知道了，謝謝你。

* ***These here***？ 這裏的這些(行李)嗎？ ***Follow me.*** 跟我來。
the bus ride *n*. 搭巴士

Ⅲ 從機場到旅舘實況簡介

請脚夫帮忙

　　到達機場後，如果帶著很重的行李，可以雇脚夫來幫忙。付給脚夫的運費叫 "porterage" 付費方法是以行李的件數來計算，通常一件約50分（cent），而且給脚夫運費最好不找零。因此從下飛機開始旅遊活動起，身邊就要隨時準備好給小費的零錢。此外旅客還可以向脚夫請問機場內的設施，及機場、市區間的交通，並請脚夫把行李提到巴士站或計程車站。如果他說的英語速度很快，不妨請他說慢些。問完問題之後，別忘了多給點小費。

搭乘機場巴士

　　從機場到旅舘最簡單的方式是坐計程車，但費用可能相當高，所以如果覺得花費太大，就最好坐巴士。大部分的機場有機場巴士（airport bus),可將旅客載到市區的終站，旅客則須從終站自行搭車到旅舘。另外也有六、七人至十人合坐的小型巴士（limousine），費用比巴士稍高，可以到市區內有名的旅舘。

Ⅳ 從機場到旅舘實用字彙

porter〔'pɔrtɚ, 'pɔrtə〕*n.* 脚夫
porterage〔'pɔrtərɪdʒ, 'pɔr-〕*n.* 運費
tip〔tɪp〕*n.* 小費
airport bus〔'ɛr,pɔrt ,bʌs〕*n.* 機場巴士
limousine〔'lɪmə,zin , ,lɪmə'zin〕*n.*（接送旅客於機場市區間的）
　小型巴士

2. 到旅館投宿

Going to the Hotel

Ⅰ 到旅舘投宿實用語句

問有沒有房間

1. Can I reserve a single room with bath for three nights from March 18th?

　　我能預訂一間有浴室的單人房，從3月18日起三天嗎?

2. Do you have a room available for tonight?

　　你們今晚有空房嗎?

3. Do you have a single room? 你們有單人房嗎?

說出所要房間的種類

1. I'd like a ｜ single room, ｜ please.
｜ double room,
｜ twin room with a bath,
｜ twin room with two separate beds,
｜ room with two single beds,

　　請給我一間 ｜ 單人房。
｜ 雙人房。
｜ 有浴室的雙床房。
｜ 有兩張床的雙床房。
｜ 有兩張床的房間。

2. I want a | quiet room.
room with a nice view.

我要一間 | 安靜的房間。
可以眺望風景的房間。

回答住多久

1. For two nights. 住兩個晚上。

2. I'm staying | three nights.
one day.
at least a week. | 我將住 | 三個晚上。
一天。
至少一個禮拜。

詢問價錢·決定房間

1. How much do you charge for a day？ 一天要多少？

2. What is the rate for a room per night？ 每晚房租多少？

3. Does the room rate include | breakfast？
meals？

房租包括 | 早餐
三餐 | 嗎？

4. Are the service charge and tax included？
包括服務費和稅金嗎？

5. How much will the tax and service charge be approximately？
稅金和服務費大概多少？

6. Are there any supplementary charges?

   有沒有其他附加的費用？

7. Do you have any cheaper rooms?

   你們有沒有較便宜的房間？

8. I'll take the hundred dollar room. 我要一百元的房間。

說什麼時候到

I'll │ be there │ │ in about one hour. │
     │ check in │ │ around eight p.m. │

我 │ 大約在一小時內 │ │ 到。 │
   │ 將在晚上八點   │ │ 去投宿。│

告訴櫃枱你有預訂

1. I have a reservation. 我有預訂。

2. I called │ half an hour ago │ to make a reservation.
            │ this morning   │

   我 │ 半小時前 │ 打電話來預訂過。
      │ 今天早上 │

3. I reserved a room through my travel agent.

   我託旅行社預訂了房間。

4. Is the room ready now? 房間準備好了嗎？

填登記卡

1. Where do I sign? 我要簽在那裏？

2. Is it all right？ 這樣可以嗎？

3. Give me one more registration card. 再給我一張登記卡。

問退房時間

What is the check-out time, please？
請問退房時間是什麼時候？

要求參觀房間

1. Please show me the room first. 請先帶我參觀房間。

2. May I have a look at the room？ 我可以看一下房間嗎？

3. I would like to see the room. 我想參觀房間。

4. Do you have a | better room？
| bigger room？
| room with a nice view？

你們有沒有 | 更好的房間？
| 更大的房間？
| 可以眺望風景的房間？

詢問其他事項

1. Could I have the price list of your hotel？
我可以有你們旅館的價目表嗎？

2. Where is the nearest bank？
最近的銀行在什麼地方？

Ⅱ到旅舘投宿實況會話(1)
Reserving a Room
預 訂 房 間

（ R ＝ Receptionist 接待員 ， P ＝ Passenger 旅客 ）

R : Bonaventure Hotel, Reservations.
波那芬卻爾飯店 , 訂房部 。

P : Do you have a room available for tonight?
你們今晚有空房嗎?

R : Yes, sir, we do. Would you like a single room or a double room? 是的 , 先生 , 我們有 , 你要單人房還是雙人房?

P : A single room, please. What are the room rates?
請給我一間單人房 , 房間費用多少?

R : Single rooms are eighty-five and a hundred and ten dollars a night. 單人房有85元一晚 , 和110元一晚的 。

P : Do those prices include tax?
這些價錢包括稅金嗎?

R : No, they don't. 沒有 , 不包括 。

P : O.K., I'll take the eighty-five-dollar room.
好 , 我要85元的房間 。

R : Your name, please? 請問你的名字?

P : My name is Chien-ming Fang. 我叫方建明 。

R : Would you repeat that, please? 請你再說一次好嗎?

P : F-A-N-G.

R： Thank you. When will you be arriving, Mr. Fang?

謝謝你，方先生，你什麼時候到？

P： I'll be there in about thirty minutes.

我大約在三十分鐘內到。

R： Fine. We'll be waiting for you. Goodbye.

好，我們等你，再見。

P： O.K. Goodbye. 好，再見。

---

* receptionist〔rɪ'sɛpʃənɪst〕*n.* 接待員
available〔ə'veləbḷ〕*adj.* 可用的；空著的
room rates *n.* 房間的租金　　single room *n.* 單人房
double room *n.* 雙人房　　～dollars a night　一晚～元
wait for 等候

Ⅱ 到旅舘投宿實況會話(2)
Checking In
登 記 住 宿 *(1)*

（ C = Clerk 職員，P = Passenger 旅客 ）

C： Good afternoon. Can I help you?

午安，我能效勞嗎？

P： I called a few minutes ago to make a reservation.

我幾分鐘前打電話預訂過。

C： Yes, sir. Can I have **your last name**, please?

是的，先生。請你跟我說你的姓好嗎？

P： It's Liu. Is the room ready now?

劉。現在房間準備好了嗎？

C : Yes, it is. Your room is 2844. It's on the 28th floor. Please fill out this card.

是的，好了，你的房間是2844，在28樓，請填這張卡。

P : All right. Where do I sign?

好，我要簽在那裏？

C : Here, please. Will you be paying by cash or credit card?

請簽這裏。你要付現金還是用信用卡？

P : Cash.　付現金。

C : In that case, we will need a one-night's deposit. That'll be eighty-five dollars.

這樣，我們要繳一晚的保證金，是85元。

P : O.K. Here you are.　好，這裏。

C : Here's your receipt, and your key.

這是你的收據和鑰匙。

P : Thank you. And I'd like a wake-up call at 7 o'clock tomorrow morning.

謝謝。我想請你們在明天早上7點打電話叫我。

C : Just call the hotel operator to arrange for a wake-up call.

請打給旅館接線生安排叫人電話。

P : O.K. Thank you.　好，謝謝你。

---

* last name *n.* 姓　　***fill out*** 填寫（表格等）

cash〔kæʃ〕*n.* 現金　　credit〔'krɛdɪt〕*n.* 信用 credit card 信用卡

deposit〔dɪ'pɑzɪt〕*n.* 保證金　　receipt〔rɪ'sit〕*n.* 收據

wake-up call　*n.* 叫人電話　　operator〔'ɑpə,retɚ〕*n.* 接線生

Ⅱ 到旅館投宿實況會話(3)

Checking In

登 記 住 宿 *(2)*

（ **C** = **Clerk** 職員 , **P** = **Passenger** 旅客 ）

C : Hi. Good afternoon. Can I help you?

嗨！午安，我能效勞嗎？

P : I have a reservation.

我有預訂。

C : May I ask your name, please?

請問你的名字？

P : Yu-hsin Liu.

劉羽心。

C : Just a moment, I'll check. Oh, Miss Liu. Yes, we have a reservation for you. Would you please fill out the registration card with your name, address, passport number, and be sure to sign it.

等一下，我查查看。哦，劉小姐，是的，我們替妳預留了房間，請妳填這張登記卡，寫上妳的姓名、住址、護照號碼，而且務必要簽名。

P : Is it all right?　這樣可以嗎？

C : Fine. How will you pay, cash or charge?

很好。妳要怎麼付？現金還是記帳？

P : Charge. 記帳。

C : May I see your card, please? You can sign the voucher when you check out.

請讓我看你的信用卡好嗎？你退房的時候可以簽這張收據。

P : What is the check-out time, please?

請問什麼時候退房？

C : It's 12 o'clock. Here's your key. Your room is 731. The bellboy will take your bags and show you to your room.

是 12 點。這是你的鑰匙，你的房間是 731 室，服務生會提你的行李，並帶你到你的房間。

P : Thank you.

謝謝你。

---

* clerk〔klɝk〕*n*. 職員   registration card *n*. 住宿登記卡

be sure to 一定要；務必   sign〔saɪn〕*v*. 簽名   Fine. 很好。

Cash or charge? 付現金還是記帳？

voucher〔'vaʊtʃɚ〕*n*.（旅館）包含帳單、收據的一種表格

check out 退房；遷出（結帳離開旅館）

bellboy〔'bɛl,bɔɪ〕*n*.（旅館、俱樂部等的）男侍

Ⅲ 到旅舘投宿實況簡介

最好先預訂旅館

　　一般剛到海外旅行的人，多半會讓旅行社幫忙預訂房間，處理好一切的事，但是如果是自己去旅行，就該先預訂好旅館，才能放心。預訂旅館要先用電話聯絡。你下機後，在機場或巴士起站，都有預訂旅館的專用免費電話，可以善加利用。預訂時則要說出自己的姓名、預訂到達的日期、時間及所需客房的種類等。

沒有預訂時

　　大致來說，每個地方都有旅館。以美國而言，它的旅館很多，即使沒有預訂也應該住得到。但是遇到特殊時候、特殊地點就不一定。例如週末或夏日，在國立公園附近的旅館往往會有很多人前往投宿，也可能客滿，這時如果沒有預定而想住在那附近的話，就必須趕在退房的時間（check-out time）去投宿（check in），因為那時候有人會遷出，否則在深夜要找空房就很難了。另外要是當地有盛會，如日本在東京舉辦萬國博覽會，吸引了數以萬計的人前往觀賞，這時如果不先預訂，到那裏恐怕就找不到下榻的地方了。

預訂旅館要先知道旅館房間的種類

　　旅館的房間大致有單人房（single room；single-bed room）和双人房（double room；twin room）。其中double 是指一間房內放一張双人床，twin 則是指一間房內放兩張床的双床房。但有時 twin 也稱為 double，所以最好先確定床數。

尤其是如果你要 twin 的話，要注意是
否有兩張床（ with two beds ）。

　除了床數問題外，還要注意有沒有
浴室（bath）。一般在都市的旅館都會有
浴室（with bath），但是在鄉下就可能
沒有（without bath）。而有些國家雖然
只有淋浴設備（shower），但卻可能說
with bath。因此要事先問明是否有浴
盆（bathtub）。而當然有沒有浴室，費
用也會不同。

旅館的計費制度

　現在一般的旅館都採用房租與膳食分別計算的歐式計費制度（Euro
-pean Plan），也就是房租並不包括餐費，所以如果在旅館用的話，就要
另外計算。此外稅金（tax）和服務費（service charge)也是另外算，約
佔租金的 15～20 ％，這個制度因創始於歐洲而得名。

　除此以外的付費制度還有創始於美國的美式計費制度（American
Plan, 也叫 Full Pension）。這是包含三餐的計算法，且不管旅客是否在
旅館用餐，都照價收費。由此轉變而來的是包辦兩餐的修正美式計費制
度（Half Pension；Semi-Pension）。所謂兩餐是指早餐固定，午餐、
晚餐任選其一，同樣的這也不管旅客在旅館用餐與否，都照價收費。

確認與辦理登記手續

　如果有預定的話，在到旅館之前，尤其是不能在預定投宿時間前往
登記時，最好跟櫃枱確認名字、房間種類、號碼及住宿天數等，以免有
誤。到旅館後，首先要填登記卡（Registration Card）。填寫登記卡，一
定要用大寫的印刷體，如有不明白的地方，要請教櫃枱職員。

登記卡見下頁圖例：

- 住宿登記卡

GUEST REGISTRATION

ROOM NO.

ACCOUNT NO.	ARRIVAL DATE		NO. ROOM		ROOM RATE	
	DEPARTURE DATE		NO. GUEST		COURTESY	

FULL NAME	(SURNAME) (FIRST) (MIDDLE) YANG SHU-CHING		PROFESSION & COMPANY	SECRETARY, SUNG WEI TRADING COMPANY

NATIONALITY	R.O.C.	FROM WHERE	TAIPEI	TO WHERE NEW YORK

DATE OF BIRTH	DAY 4 /MONTH 2 /YEAR 1961	KIND OF VISA	ENTRY VISA ☐	TRANSIT VISA ☐	TOURIST VISA ☐

PASSPORT NO.	P87763542	PURPOSE OF STAY	BUSINESS ☐	PLEASURE ☑	OTHERS ☐

ADDRESS	NO.6, 2F, KUNG CHIEN ROAD, TAIPEA, TAIWAN, R.O.C.	TELEPHONE NO.	2-3019031

MY ACCOUNT WILL BE SETTLED BY:

CREDIT CARD <u>VISA</u> C189 67345267
TYPE NUMBER

CASH _____ VOUCHER _____

CREDIT CARD _____

REMARKS

THE MANAGEMENT TAKES NO RESPONSIBILITY FOR VALUABLES LEFT IN GUEST ROOMS
SAFETY DEPOSIT BOXES ARE PROVIDED FREE OF CHARGE AT FRONT DESK CASHIERS

GUEST'S SIGNATURE _____ CLERK _____ BELL BOY _____

/ IN RM	/ OUT	/ IN RM	/ OUT	/ IN RM	/ OUT
M/M MISS		M/M MISS		M/M MISS	
A C PERS NT	TIME	A C PERS NT	TIME	A C PERS NT	TIME
CLERK		CLERK		CLERK	

事先決定付費方法

　　付帳（payment）的方法最好事先問清楚。如美國普遍使用信用卡（credit card），它比現金更受人信賴，所以如果想用現金支付，會被要求先付保證金（deposit）。當然這在退房（check-out）的時候會退回，至於用信用卡，在 check-in 的時候會登記。

其他住所

汽車旅館

　　你要是開車旅行，一定可以很容易地在高速公路沿線找到專供駕車旅客過夜的汽車旅館（Motor Hotel）。前往投宿的時候，不妨先看看它的告示是 "Vacancy"（有空房）還是 "No Vacancy"（無空房），如果有空房才到辦事處（office）登記（check-in），登記好後就可以直接把車開到房子前面。由於省掉很多服務，費用比一般旅館便宜，但也有跟市內旅館一樣設備好，服務週全的，因此價錢也差不多。

青年招待所、男青年會和女青年會

　　青少年旅遊招待所的費用相當便宜，一晚約5美元，只是大都離市區很遠。美國約有200個青年招待所，如果要住那裏，先要成爲青年旅遊招待所的會員。其他如男青年會（YMCA），女青年會（YWCA）也有專爲青年人設的住所，這些住所的地點適中，設備不錯，投宿的人較多，所以在去之前最好先預訂。但不管是選那一種投宿，在未出國前，就應該把他們的地址和電話號碼查好，並寫信去查詢或預訂。

　　除上述地點外，還有觀光牧農場（Dude Ranch/Farm）、露營區（Camp）、大學宿舍（University Dormitory）及遊客之家（Tourist Home；Guest Home）等可供住宿的地方。其中觀光牧農場有的是季節性開放，有的是終年開放，除住宿設施外，有的還會提供野外活動，如騎馬等服務。露營區有的設在大的國立公園中，通常不須先預定按先後順序選擇場地。大學宿舍多在暑假學生回去，宿舍空著的時候開放，要向該校的宿舍管理處申請登記。遊客之家則多是在有觀光勝地的小鎭上，由私人利用空房間提供的住宿地點，招牌上寫" Tourist "及" Rooms "等即是。

Ⅳ 到旅館投宿實用字彙

hotel ; inn 〔ho'tɛl ; ɪn〕 *n.* 旅館 ; 客棧
motel 〔mo'tɛl〕 *n.* 汽車旅館
youth hostel 〔juθ 'hɑstḷ〕 *n.* 青年旅舍〔招待所〕
YMCA ; YWCA 男青年會 ; 女青年會

~~~~~~~~~~~~~~~~~~~~~~~~~~~~

reserve 〔rɪ'zɝv〕 *v.* 預訂 (房間)   suite 〔swit〕 *n.* 套房
single room 〔'sɪŋgl 'rum〕 *n.* 單人房
double room 〔'dʌbḷ 'rum〕 *n.* 双人房
twin room 〔'twɪn 'rum〕 *n.* 双床房

~~~~~~~~~~~~~~~~~~~~~~~~~~~~

European plan 〔,jʊrə'piən ,plæn〕 *n.* 歐式計費制度 ; 住宿費不包
  括餐費
American plan ; full pension 〔ə'mɛrɪkən ,plæn ; 'ful 'pɛnʃən〕 *n.*
  美式計費制度 ; 住宿費包括三餐
half pension ; semi-pension 〔'hɑf 'pɛnʃən ; 'sɛmɪ 'pɛnʃən〕 *n.*
  修正美式計費制度 ; 住宿費包括兩餐

~~~~~~~~~~~~~~~~~~~~~~~~~~~~

no vacancy 〔'no'vekənsɪ〕 *n.* 客滿
check in 〔'tʃɛk ,ɪn〕 *v.* (到旅館) 登記住宿
registration card 〔,rɛdʒɪ'streʃən ,kɑrd〕 *n.* 住宿登記卡
charge 〔tʃɑrdʒ〕 *n.* 記帳   cash 〔kæʃ〕 *n.* 付現金
deposit 〔dɪ'pɑzɪt〕 *n.* 保證金
credit card 〔'krɛdɪt ,kɑrd〕 *n.* 信用卡
room rate 〔'rum ,ret〕 *n.* 房租   tax 〔tæks〕 *n.* 稅
service charge 〔'sɝvɪs ,tʃɑrdʒ〕 *n.* 服務費

3. 旅舘服務(1)

Hotel Service

I 旅舘服務(1)實用語句

詢問服務生或櫃枱

1. I'm sorry, I don't like this room. Could you show me another one?

   抱歉，我不喜歡這個房間，你能帶我看別的房間嗎？

2. Where is the electric switch?

   電燈開關在那裏？

3. How do I open the windows? 這窗子怎麼開？

4. Tell me how to use the bath tub. 教我如何用浴缸。

5. Where is the dining room? 餐廳在那裏？

6. Where is the emergency exit and staircase?

   緊急出口和樓梯在那裏？

7. Are there any extra blankets? 有沒有多的毯子？

8. Is there an extra bed available? 有多的床嗎？

9. Is your tap water fit to drink? 你們的自來水可以喝嗎？

   * tap water (未經煮開的)自來水

10. Can I have some ice? 我可以拿一些冰嗎？

11. Do you have a hotel doctor? 你們有旅舘的醫生嗎？

12. Is there a | shoeshine / baby-sitting | service in the hotel?

    這旅舘有沒有 | 擦鞋 / 看護嬰兒 | 的服務？

向旅館抱怨

1. The sheets are dirty. 牀單很髒。

2. There's no
   | towels |
   | soap |
   | running hot water |
   in my room.

   我房間沒有
   | 毛巾。 |
   | 肥皂。 |
   | 熱水。 |

3. My room hasn't been cleaned today.
   我的房間今天還沒有打掃。

4. My room is very noisy. Can I change it?
   我的房間很吵，我可以換嗎？

請求服務

1. Please change the
   | towels. |
   | sheets. |
   請換掉這
   | 毛巾。 |
   | 床單。 |

2. This glass is dirty. Give me a clean one, please.
   這玻璃杯是髒的，請給我乾淨的。

3. I can't get any hot water in my room. Can you send someone up to take a look?
   我房間沒有熱水，你能派個人上來看一下嗎？

4. I need another blanket. 我還需要一條毯子。

5. Please send another blanket to my room.
   請再送一條毯子到我房間。

6.
Please wake me up
Please ring me
I'd like a wake-up call
at 6 tomorrow morning.

請在明天早上六點叫我。

與櫃枱處理信件、訪客與外出事宜

1.
Are there any messages
Are there any letters
Is there any mail
for me? 有沒有我的
留言？
信？

2. I want to mail this letter. 我想寄這封信。

3. What time does the mail usually arrive? 郵件通常什麼時候到?

4. I'm expecting a visitor at 3 o'clock. Please page me in the restaurant when he arrives.

我等三點的一個客人，他到的時候請到餐廳叫我。

5. I am going out now. I'll be back by seven.

我現在要出去，七點以前會回來。

6. If my roommate comes to get the key, please tell her I'll come back around five.

如果我的室友來拿鑰匙，請告訴她我五點左右會回來。

使用保險箱

1. I need a safety-deposit box. 我需要一個保險箱。

2. I'd like to check my valuables. 我想寄存我的貴重物品。

3. I want to keep my valuables in a safety-deposit box.

我想把我的貴重物品放在保險箱。

4. When can I pick up my things？

我什麼時候可以拿我的東西？

5. May I have my safety-deposit box？

我可以開我的保險箱嗎？

6. It's number 2004. 是2004號。

7. I'd like to take my passport out of the safety-deposit box. 我想把我的護照從保險箱裏拿出來。

8. I've lost the key to my safety-deposit box.

我丟了保險箱的鑰匙。

打電話叫客房服務

1. Is this Room Service？ 這是客房服務部嗎？

2. Will you bring me a ham sandwich？

你能送一份火腿三明治來嗎？

3. I'll have a sandwich and an orange juice.

我要一份三明治和一杯柳橙汁。

4. I'd like to have breakfast in my room tomorrow.

明天我想在房間用早餐。

5. Can you bring it around 7:30 tomorrow, please？

請你在明天七點半左右拿來好嗎？

6. Will you bring a pot of boiled water and three cups to Room 731？ 你可以帶一壺開水和三個杯子到731室嗎？

7. Could you take these dishes away？ 你可以把這些盤子拿走嗎？

8. Please cancel my order for tomorrow's breakfast.

請取消我訂的明天早上的早餐。

9. Charge it to my room. 記我那間的帳。

10. I'll pay for it now. 我現在付。

Ⅱ 旅舘服務(1)實況會話(1)
Bellboys Taking You to the Room
服 務 生 帶 到 房 間

（ B ＝ Bellboy 服務生 , P ＝ Passenger 旅客 ）

B : Here we are. This is your room. The bathroom is here.
到了，這是你的房間，洗澡間在這裏。

P : Are there any extra blankets？Sometimes I feel cold at
night. 有沒有備用的毯子？我有時候晚上會覺得冷。

B : You can call the chambermaid and ask her for that.
你可以打給女中向她要。

P : O.K. And can I have some ice？
好。我能拿一些冰嗎？

B : There's a machine near the elevator. Just help yourself.
靠電梯那裏有一台機器，就請自由取用。

P : Thank you. This is for you.
謝謝，這給你。

B : Thank you, sir. Enjoy your visit.
謝謝你，先生。好好享受。

* ***Here we are***. 我們到了。　　extra blanket　*n.* 備用的毯子
houskeeper〔ˈhausˌkipə〕*n.* 負責清掃房間及管理用品的旅館從業員
help yourself　請自由取用
This is for you.　這給你（旅客給服務生小費）。

II 旅舘服務(1)實況會話(2)
Using a Safety-Deposit Box
使 用 保 險 箱

（ P = Passenger 旅客 , C = Clerk 職員 ）

P : Excuse me. I need a safety-deposit box.
  對不起 , 我需要一個保險箱。

C : Oh, yes, ma'am. I'll get you one. Please write your
  name, room number, and passport number on the card, and
  sign it. O.K., here's the key. Be sure not to lose it.
  好 , 夫人 , 我給你一個。請把你的名字、房間號碼和護照號碼寫
  在這張卡片上並簽名。好 , 這是鑰匙 , 千萬不要丢了。

P : All right. When can I pick my things up?
  好 , 我什麽時候可以拿我的東西 ?

C : Oh, anytime, day or night.
  喔 , 隨時 , 白天或晚上都可以。

P : I see. Thank you. 我知道了。謝謝。

P : Excuse me, may I have my safety-deposit box? It's num-
  ber 7003. 對不起 , 我可以開我的保險箱嗎 ? 是 7003 號。

C : Sure. Here you are. Just sign here.
  當然 , 這給你 , 請簽這裏。

P : All right. 好。

C : Thank you.
  謝謝。

* safe(ty)-deposit 〔'sef(tɪ) dɪ'pɑzɪt 〕 *n*. 貴重物品保管處

safe(ty)-deposit box *n*. 保險箱；安全庫

the card *n*. 保險卡(貴重物品寄放證)　*be sure not to* 一定不要

Ⅱ 旅舘服務(1)實況會話(3)
Room Service
客 房 服 務

（ **P** = **Passenger** 旅客 , **R** = **Room Service** 客房服務）

P :　Hello. Is this Room Service？　哈囉，這是客房服務嗎？

R :　Yes, sir. May I help you？　是的，先生，我能效勞嗎？

P :　Can I still get something to eat at this time of night？
在這麼晚的時候我還可以買點東西吃嗎？

R :　Yes, sir. What would you like？
可以，先生。你要什麼？

P :　I'll have a sandwich and a hot chocolate.
我要份三明治和熱巧克力。

R :　What kind of sandwich would you like？ We have steak,
cheese, ham, salami, tuna, chicken, and club.
你要那種三明治？我們有牛肉、乳酪、火腿、義大利香腸、鮪魚、
雞肉和總匯三明治。

P :　I'll take the tuna, please.　請給我鮪魚。

R :　White bread or rye？　白麵包或黑麵包？

P :　White, please.　請給白麵包。

R :　Toasted or untoasted？　烤不烤？

P : Toasted, please. How long will it take?
　　請來烤的，要多久？

R : It should be ready in about ten minutes. 十分鐘就好。

P : Thank you. 謝謝。

R : Room Service! 客房服務。
P : Come in! 進來。

R : Shall I place it here? 我放這裏嗎？
P : Yes. On the table is fine. 是的，放桌上好。

R : Could you sign here, please? 請你在這裏簽名好嗎？
P : Sure. 當然。

R : If you want breakfast in your room tomorrow morning,
　　call Room Service tonight and place your order.
　　如果你明天早上要在房間用早餐，今天晚上打電話到客房服務部
　　點菜。
P : O.K. Thanks. Oh, this is for you. 好，謝謝。噢，這給你。

R : Thank you very much, sir. Good night.
　　謝謝你，先生，晚安。

---

* Room Service *n.* 客房服務（不必到餐廳用餐，可叫侍者把食物送到房間的
　　　　　　　　　一種服務制度）
　　salami 〔 səˈlɑmɪ 〕 *n.* 義大利香腸　　tuna 〔ˈtunə〕 *n.* 鮪魚
　　club = club sandwich *n.* 總匯三明治　　rye 〔 raɪ 〕 *n.* 黑麥
　　White bread or rye? 白麵包還是黑麵包？
　　Toasted or untoasted? 烤還是不烤？
　　place an order 點菜；下定單

Ⅲ 旅館服務(1)實況簡介

櫃台

　　旅館的櫃台（Front Desk）分幾個部門：首先是登記（Registration）部，負責房間預訂、住宿旅客登記，及房間鑰匙的管理；其次是會計（Cashier）部，負責收費、換錢（Money Exchange),管理保險櫃（Safety-Deposit Box);此外還有詢問（Information）部，專爲客人解答問題。

服務生

　　服務生叫 bellboy（或 bellman),只要按鈴（bell）就會來爲客人服務。監督服務生的人是服務生領班，叫 bell captain。他們的部門和櫃台分開，位於大廳的一角。搬運行李、暫時保管行李、爲客人叫計程車等，都是他們的工作。

由服務生帶到房間

　　在進旅館之前，可能會有門房（doorman)來幫你提行李，而在櫃枱辦好登記手續，拿了房間鑰匙（room key）後，則又有服務生過來幫你提行李，帶你到房間。在到房間的路上，不妨記記各處地點及電梯的位置。

給服務生小費

　　到房間後服務生會把你的行李放好，並告訴你浴室和冷暖氣的使用方法，這時你要付給他小費，一件行李大約美金三至五角。但也有旅館不收小費，你如果看見 "NO TIPS"或"NO TIPPING"的告示,則所有的服務都不必給小費，因爲這些費用已經算在食宿費裏了。

看好合意的房間

在高級旅館當然沒看房間的必要，但若不是高級旅館，在決定投宿之前最好先請他帶你參觀一下房間，假如不喜歡，就可要求更換。尤其是在長期停留時，更需要一間合意的房間，因此可事先聲明，請對方為你準備。

房間的佈置與擺設

國外房間的佈置可能和台灣的旅館不同。有時你在房間裏看不到床這是因為房間裏的床是沙發床（sofa bed）—把沙發拉出來或翻下來，就成了床。此外若發現浴室中沒有杯子，可能只要把鏡子拉開，就會看見所有的盥洗用具都放在裏面的架子上。總之在叫管理員（housekeeper）或女中（room maid）之前，自己最好多找找看。

搭乘電梯

各個地方的電梯不盡相同，在此舉出可能有的幾點差別：

▲ 有的電梯兩樓或三樓才停一次，不是每樓都停。

▲ 超重時有的發出鈴聲，有的是入口下方會射出光線，梯門不開。

▲ 有種舊式的電梯不按 " Close "（關）的按鍵，就不會自動關閉。

此外，電梯中若有電梯服務員，就清楚地告訴他你要到幾樓。通常不必給小費，但若在晚上十一點後使用電梯，或利用電梯搬運行李，還是應該給點小費。還有，你如果是男士，則應讓女士先上，先下。

房間號碼與旅館大樓的關係

通常旅館的房間號碼（Room NO.）的第一個字，就代表第幾樓，但唸法不同，樓數也就不同。以下列圖說明，並加上唸法：

28室 ········	28 ·····1樓的28號房		twenty-eight
2	8	2樓的 8 號房	two eight
525室 ···· 5	25 ·····5樓的25號房		five twenty-five（five hundred and twenty-five, five two five）
1448室 ···14	48 ·····14樓的48號房		fourteen forty-eight（one thousand four hundred and forty-eight）
E437室 ··E4	37 ····· 東館4樓的37號房		EAST four thirty-seven（EAST four hundred and thirty-seven）
DIAMOND-HEAD1106室 ······· 11	06	·····DIAMONDH-HEAD館的11樓6號房	DIAMONDHEAD eleven six

把貴重物品存放在保險箱

把貴重物品放在旅館房間內，是很不妥當的做法。因為你的房間很可能隨時被打開！其一是有可能因為自己的疏忽而忘了鎖門；其二是櫃枱有可能把鑰匙錯交給旁人，所以把貴重物品放在房間內絕對不安全，而解決的辦法是利用保險箱（safety-deposit box）。在旅館使用保險箱是免費的，鑰匙則由自己保管。通常櫃枱會設有保險箱，或是在櫃枱內設金庫（strong room），由自己進去存放。

注意使用保險箱

　　把貴重物品存進保險箱後，並不表示一切都可以放心。首先要注意好好保管鑰匙，不可弄丟。因為保險箱通常要由你持有的鑰匙和櫃枱保有的萬能鑰匙（master key）來配對打開，萬一把鑰匙弄丟了，就非得弄壞保險箱不可，而那麼一來，你就得賠上一筆可觀的數目。所以鑰匙要注意保管，而如果是用號碼鎖，自然也要記住密碼。此外你可以隨時去拿保險箱裏面的東西，但最後離開時一定要記得拿走存放的物品。

客房服務

　　所謂客房服務（Room Service）就是叫服務生送食物或飲料到房間，而不必到餐廳去的一種服務你如果想在房間裏悠閒地用餐，就可以撥「客房服務」的號碼。房間裏有菜單，可以先決定好想吃的東西，看好價錢再撥，不過這樣的消費自然比自己到餐廳、酒吧去要高，但如果只叫冰、開水或茶杯，則是免費。

Breakfast

SERVED FROM 6:00 AM TO 11:00 AM

EYE OPENERS

Screwdriver or Bloody Mary 3.00
Natures Blend 2.50
A blend of fresh orange juice with an egg and a spoonful of honey, a touch of lime and pinch of grated nutmeg

THE CONTINENTAL   **THE EASY GOER**
Large fresh orange juice,   *Seasonal sliced fresh fruit,*
Danish pastries, preserves,   *fruit yogurt, your flavor,*
beverage of your choice   *whole wheat toast, black coffee*
   $4.75   **$5.75**

EGGS MONTEREY
Seasonal sliced fresh fruit,
Poached eggs on an artichoke bottom,
Canadian bacon and Hollandaise, toast and preserves,
Beverage of your choice
$8.50

CHILLED FRUITS, JUICES AND YOGURTS

Large Orange Juice 2.50
Large Grapefruit, Pineapple, Apple, Grape, Tomato,
  Prune or V-8 Juice 2.25
Iced Melon in Season . . . 3.00   Fresh Berries in Season . 3.00
One Half Papaya . . . . . . 3.00   Half Grapefruit 2.75
Plain or Fruit Yogurt . . . 2.50   Stewed Prunes 2.75

CEREALS

Corn Flakes, Shredded Wheat, Raisin Bran, Frosted Flakes,
  Rice Krispies, Special K, 40% Bran, All Bran,
  Oatmeal, Cream of Wheat 2.75
Served with your choice of cream or milk
With Sliced Bananas 3.50

EGGS AND OMELETTES

Two Eggs, Prepared as Requested 3.50
  With Ham, Bacon or Sausage 6.00
Low Cholesterol Eggs 3.50
Three Egg Omelette, Plain 5.50
  With Ham, Cheese or Mushrooms 6.50
Omelette Oriental 7.50
Snow peas, bean sprouts and water chestnuts sauteed with Tomari soy sauce

All Entrees Served with Hash Brown Potatoes, Toast and Preserves

Egg Benedictette (1 Egg) 4.75   Eggs Benedict 6.50

BREAKFAST FAVORITES

Corned Beef Hash with Poached Egg 6.25
Open-Faced Lox and Bagel with Cream Cheese
  and Sliced Onions 7.50
French Toast 3.50
Fluffy Pancakes 3.50
Golden Brown Waffle 3.50
Bacon, Ham, Link Sausage or Canadian Bacon 3.00
Hash Brown Potatoes 1.50

BREADS AND PASTRIES

White, Whole Wheat, Rye, Raisin or Cinnamon Toast 1.75
English Muffin, Bagel 2.00
Danish Pastries, Blueberry Muffins, Bran Muffins (two) 2.50

BEVERAGES

Tea, Sanka, Hot Chocolate, Milk, Skim Milk 1.95
Coffee, small (two cups) . . 2.50   Coffee, large (six cups) . 4.00

*ROOM SERVICE WILL BE PLEASED TO TAKE YOUR BREAKFAST ORDER
ON THE PRECEDING EVENING*

ROOM SERVICE — PLEASE TOUCH 2

Ⅳ 旅舘服務(1)實用字彙

lobby 〔'labɪ〕 *n.* 大廳

front desk 〔'frʌnt ,dɛsk〕 *n.* 櫃台 (＝reception desk)

registration 〔,rɛdʒɪ'streʃən〕 *n.* 登記部

information 〔,ɪnfə'meʃən〕 *n.* 詢問部

cashier 〔kæ'ʃɪr〕 *n.* 會計部

cloakroom 〔'klok,rum,-,rʊm〕 *n.* 行李存放處

~~~~~~~~~~~~~~~~~~~~~~~~~~~~~~

doorman 〔'dɔr,mæn〕 *n.* 門房 (*pl.* doormen)

bellboy ; bellman 〔'bɛl,bɔɪ ;'bɛlmən〕 *n.* 服務生

bell captain 〔bɛl 'cæptɪn〕 *n.* 服務生領班

housekeeper 〔'haʊs,kipə〕 *n.* 管理員

maid; chambermaid 〔med ; 'tʃembə,med 〕 *n.* 女中

~~~~~~~~~~~~~~~~~~~~~~~~~~~~~~

valuables 〔'væljʊəbl̩z〕 *n.* 貴重物品

safety-deposit box 〔'sɛftɪ dɪ 'pɑzɪt ,bɑks〕 *n.* 保險箱

room service 〔'rum ,sɝvɪs〕 *n.* 客房服務

room number 〔'rum ,nʌmbə〕 *n.* 房間號碼

room key 〔'rum ,ki〕 *n.* 房間鑰匙

~~~~~~~~~~~~~~~~~~~~~~~~~~~~~~

sofa bed 〔'sofə ,bɛd〕 *n.* 沙發床　　sheet 〔ʃit〕 *n.* 床單

blanket 〔'blæŋkɪt〕 *n.* 毯子

bathroom 〔'bæθ,rum〕 *n.* 浴室　　　　bathtub 〔'bæθ,tʌb〕 *n.* 浴缸

toilet paper 〔'tɔɪlɪt ,pepə〕 *n.* 衛生紙

4. 旅舘服務 (2)

Hotel Service

Ⅰ 旅舘服務(2)實用語句

洗衣的服務

1. I have some clothes to be washed. 我有一些衣服要洗。

2. Please send these things to the laundry.
   請把這些東西送到洗衣部。

3. When will it be ready? 什麼時候可以好?

4. I need it by tomorrow morning. 我明天早上以前要。

把自己鎖在房間外面時

1. I can't get into my room. 我進不了我的房間。

2. I've locked myself out. 我把自己鎖在外面了。

3. I left my key in my room.
   我把我的鑰匙留在房間裏了。

4. Do you have

| another key to my room? |
| a spare key? |
| an extra key? |

你們有

| 我房間的另一把鑰匙 |
| 備用的鑰匙 |

嗎?

Ⅱ旅舘服務(2)實況會話(1)
Laundry Service
洗 衣 服 務

(P = Passenger 旅客 , M = Maid 女中)

P : Excuse me. 抱歉。

M : Yes. 嗯。

P : I have some clothes to be washed. Do you take care of that? 我有一些衣服要洗，你可以料理嗎？

M : No, sir. We have a laundry service in the hotel. Leave your clothes in the laundry bag that's in your room, and fill out the card that comes with it.

不，先生。我們旅館裏有洗衣的服務，把你的衣服留在你房間的洗衣袋裏，再塡附在上面的卡。

P : Do I then leave it outside my room?
我再把它放到房間外面嗎？

M : No, leave it inside and call Laundry Service and someone will pick it up.
不，放在裏面，打電話給洗衣服務，就有人來拿。

P : When will it be ready?
什麼時候可以好？

M : Tomorrow morning.
明天早上。

P : But I need it by five tonight.

但是我今晚五點以前要。

M : Then, check the box marked "Express" and you'll have it back in four hours.

那麼在寫有 " Express"（急件 ）的格子上做記號，你就會在四小時內拿到。

P : Good. Thank you very much.

好，非常謝謝你。

M : You're welcome. 不客氣。

---

* laundry 〔'lɔndrɪ，'lan-〕 *n*. 洗衣   maid 〔med〕 *n.* 女僕
  laundry bag *n.* 放要洗衣服的袋子   check 〔tʃɛk〕*v.*查對；做檢訖記號

Ⅱ 旅舘服務(2)實況會話(2)
Locking Oneself Out
把 自 己 鎖 在 外 面

（ P ＝Passenger 旅客 ， C ＝ Clerk 職員 ， B ＝ Bellboy 服務生 ）

P : Do you have another key to my room?

你有我房間的另一把鑰匙嗎？

C : No, sir. I'm afraid you already have them both. What's the trouble? 沒有，先生。我恐怕你已經有兩把了。出了什麼事嗎？

P : Well, I've locked myself out. I was hoping you'd have an extra key.

嗯，我把自己鎖在外面了，我正希望你們有多的鑰匙 。

C : Well, I'm sorry, we don't. But I can send up the bellboy with a master key.

　　嗯，抱歉，我們沒有。但是我可以叫服務生帶萬能鑰匙來。

P : Good.　好。

C : Just a moment, please. What is your name and your room number?　請等一下，你的名字和房間號碼是多少？

P : Chien-hsun Chén. Room 351.

　　陳建勳，351室。

C : Right. Roger! This gentleman left his key in his room. Could you go up and open it up for him?

　　知道了。羅傑！這位先生把鑰匙留在他的房間裏了，你能上來替他開嗎？

B : Yes, sir.　好，先生。

P : Thank you very much.　非常謝謝你。

C : You're welcome.　不客氣。

　　* extra key　*n.* 備用鑰匙　　　master key　*n.* 萬能鑰匙
　　　Right.　知道了，明白了。

Ⅲ 旅舘服務(2)實況簡介

洗衣的服務

通常在出外旅行時，爲了減輕行李的負荷，只能攜帶幾件必備的衣物，但若旅行較久時，仍須換洗，這時就可以利用旅館的洗衣服務（ Laundry Service ） 來保持穿著的舒適與整潔。

如何委託洗衣服務

旅館一般都會在衣櫃中放一只專用塑膠袋，讓你把衣服放進去交給女中。除此以外你還要在一張表格上塡上品名、姓名及房間號碼，這種表格或是單獨一張放在袋子裏，或是直接印在袋子上，上面註明費用、交件時間及交件方式，包括早上敲門，或等電話通知 Laundry （ 或 Valet ）送來等。以下是一張洗衣單：

Guest Count	Office Count	GENTLEMEN'S LIST		AMOUNT	Guest Count	Office Count	LADIES' LIST		AMOUNT
		SHIRTS	2.25				BLOUSES	4.50	
		SHIRTS KNIT	3.50				SLIP	3.50	
		SHIRTS RORMAL	3.50				BRASSIERES	1.25	
		HANDKERCHIEES	.85				PANTIES	1.25	
		SOCKS PR	1.00				HANDKERCHIEFS	.85	
		UNDERSHORTS	1.00				NIGHTGOWNS	4.50	
		UNDERSHIRT	1.00				PAJAMAS	4.50	
		PAJAMAS	4.50				PANTS	4.50	
		PANTS	4.50				OTHER		
		JACKETS	4.50						
		OTHER							

STARCH			LADIES	
NONE	MEDIUM		GENTLEMEN	
LIGHT	HEAVY	LAUNDRY MARK	TOTAL	

NAME		SPECIAL INSTRUCTIONS
ROOM NO.		
DATE		

想快點交件時

通常送去洗的衣服在二十四小時或四十八小時之後就可以拿回來，這是普通服務（ Regular Service, Ordinary Service），另外還有一種快件服務（Express Service, Special Service ）及即日服務（Same Day Service）的特別服務，可以在一日或數小時之內交件，而當然費用也比較高。

女中的服務

女中（Maid）的主要工作是幫旅客整理床舖、打掃房間、洗衣、燙衣及擦鞋等。有的旅館只在早上整理房間時換一次被單，晚上不再來整理，如果要求額外服務，就要給小費。此外如果停留較久時，最好也每天都給她小費，大概約一塊美金左右（ 台幣二十五元）就可以了。

擦鞋有的是在鞋內放些零錢，拿到門外，有的是用電話叫，有的則是有一定的擦鞋處，想擦鞋時須自行前往。

大體上來說，如果只在旅館停留一晚，並不須要給女中小費，但如果停留較久，最好每天給她一塊美金── 相當於台幣二十五元的小費。你可以放在枕頭下或桌子上，也可以在要離開時一起裝在信封裏給她。

外出時把鑰匙交給櫃枱

通常外出時是把房間的鑰匙交給櫃枱保管，也有的旅館要旅客自行保管，而當然，結帳的時候就一定要交還櫃枱了。此外如果遺失鑰匙，可能會被要求賠償，所以要注意保管，不要遺失了。

旅館的鎖 ∗ 注意自動鎖

　　旅館房間的門多半是双重鎖(double lock),也就是有兩個鎖,包括門把上的鎖和有鏈子的鏈鎖(chain lock)。你平時在房間最好把兩種鎖都鎖上,聽到有人敲門時,先扭開門把,藉著鏈子拉開的距離看清敲門的人,才決定有沒有必要把門完全打開,或放他進來。

　　美國的旅館房間,常常用自動鎖(automatic lock),這種鎖的作用是如果你從外面拉上門,它就會自動上鎖,目的在防止外面的人隨意開門進入,但要注意的是如果你出去時身上沒有帶鑰匙,那就連自己也進不去了,這時就非得麻煩櫃枱或管理員來打開不可,因此要特別小心。

在旅館打電話

　　打給旅館各處的電話號碼(如櫃枱打 " 0 "等),通常會貼在電話旁邊。你除了打電話到客房服務叫食物外,也可以打洗衣服務、擦鞋等。但除此以外,你可以打給旅館裏的接線生,請他在早上或其他你指定的時間打叫人電話(wake-up call)叫你起來。如果你要打電話出去,通常都要經過接線生,而且要另外收費,但是打進來的電話則不收費。(關於打電話,請參閱第六章。)

Ⅳ 旅館服務(2)實用字彙

laundry〔ˈlɔndrɪ, ˈlɑn-〕*n.* 洗衣;洗衣店
laundry service 洗衣服務　　　laundry bag 洗衣袋
valet〔ˈvælɪt, vaˈlɛ〕*n.* 旅館中替人洗燙衣服的僕人
dry cleaning〔ˈdraɪ ˈklinɪŋ〕*n.* 乾洗
express〔ɪkˈsprɛs〕*n.* 急件

～～～～～～～～～～～～～～～～～～～～～～～～

automatic lock〔ˌɔtəˈmætɪk ˈlɑk〕*n.* 自動鎖
lock oneself out 把自己鎖在外面
master key〔ˈmæstə ˈki〕*n.* 萬能鑰匙

5. 退房
Checking Out

I 退房實用語句

請服務生來提行李

1. I'm leaving now. 我要走了。

2. Could you send a bellboy to pick up my baggage?
   你能派一個服務生來提我的行李嗎?

3. Please send up a bellboy. 請派一位服務生來。

4. I'm in Room 208. 我在208室。

指示服務生

1. The baggage is here. 行李在這裏。

2. Please take the baggage there.
   請拿那邊的行李。

3. My baggage is over there by the table.
   我的行李在桌子那邊。

辦遷出

1. I'm checking out now. 我現在要搬出去了。

2. I'd like to check out now. 我想現在退房。

3. I'm leaving early tomorrow morning, so I'd like to
   settle my bill now.
   我明天一早就走,所以我想現在結帳。

4. Here's my key. 這是我的鑰匙 。

5. What's this charge? 這是什麼費用？

6. May I leave my baggage here until this evening?
   我可以把我的行李留到今天晚上嗎？

7. Do you accept traveler's checks?
   你們收旅行支票嗎？

8. Can I pay three hundred dollars in traveler's checks?
   我可以用旅行支票付三百元，其餘付現金嗎？

II 退房實況會話(1)

Calling Bellboys for the Baggage

打 電 話 叫 服 務 生 提 行 李

（ B.C. = Bell Captain 服務生領班 , P = Passenger 旅客 ,
B = Bellboy 服務生 ）

B.C. : Bell Captain. May I help you？
服務生領班。我能效勞嗎？

P : Hello. I'm leaving now. Could you send a bellboy to
pick up my baggage？ I'm in Room 731.
哈囉，我現在要走，你能派一個服務生來提我的行李嗎？我
在 7 3 1 室。

B.C. : Certainly. We'll be up in a few minutes.
當然，我們幾分鐘內就上去。

P : Thank you. 謝謝。

B : Bellboy！ 服務生！

P : Come in！ 進來！

B : Is this the only bag you have？
你只有這個袋子嗎？

P : No. There's another here.
不，這裏還有一個。

B : O.K. What about this one？ 好。這個呢？

P : I'll carry this one myself.
我自己拿。

B : All right, ma'am. I'll take these down to the lobby and leave them for you at the Bell Desk.

好，夫人。我把這些帶到下面的大廳，並給你放在服務枱。

P : Thank you. I'll be down in a minute.

謝謝，我一分鐘內就下去。

---

* Bell Captain *n.* 服務生領班　　***What about ～?***　關於～呢？

lobby〔'labɪ〕*n.* (旅館、戲院等的)大廳

Bell Desk *n.* 服務台(服務生領班和服務生待命的櫃枱)

II 退房實況會話(2)
Checking Out
辦　遷　出

(P = **Passenger** 旅客 ， C = **Cashier** 出納員)

P : I'd like to check out now, please. Here's my key.

我想現在退房，請，這是我的鑰匙。

C : Just a moment, please. O.K., here's your bill, ma'am.

請等一會兒。好，這是你的帳單，夫人。

P : Excuse me, what's this charge?

對不起，請問這是什麼費用？

C : Oh, that's breakfast. 哦，那是早餐。

P : I see. What about this one?

原來如此。這個呢？

C : That is Room Service charge.

那是客房服務費。

P : And this one？ 那這個呢？

C : That's your long-distance call to New York.
　　那是你打到紐約的長途電話。

P : Oh, I talked that long？ O.K. This is the total, right？
　　噢，我講了那麼久嗎？好，這是總數，對嗎？

C : Yes. Two hundred and tweleve dollars altogether. You're
paying by credit card, right？
　　是的，總共212元。你用信用卡付，是嗎？

P : Yes. 是的。

C : Well, then, just sign here. Here, this is your receipt.
Thank you.
　　嗯，那麼就簽在這裏。這裏是你的收據，謝謝你。

P : Thank you. 'Bye. 謝謝你，再見。

C : 'Bye. 再見。

---

　　* cashier〔kæˊʃɪr〕*n.* 出納員　　bill〔bɪl〕*n.* 帳單
　　long-distance call　*n.* 長途電話；市外電話
　　altogether〔͵ɔltəˊgɛðɚ〕*adv.* 總共　　***by credit card*** 用信用卡付

Ⅲ 退房實況簡介

確定退房時間

　　辦理退房要先確定退房時間（check-out time），若過了這個時候才離開，會被多算一天的房錢。至於退房時間，每個旅館的規定都不大一樣，所以必須注意旅館的告示。但大部分都集中在中午前後，有的是十二點，有的是一點。不過在結帳後，如果想要旅館繼續幫忙保管行李，也可以跟櫃枱安排，多數旅館都有這個免費的服務。此外上午八、九點出發的旅客往往很多，那時櫃枱前面可能會大排長龍。所以如果要在這個時候辦遷出，就必須預留足夠的時間。不過要是事先將啟程時間通知櫃枱，他就會先把你的帳單（bill）準備好，那麼在你去結帳時，就可以節省很多時間。

請服務生幫忙提行李

　　在出發時若需要有人幫忙把行李提到大廳，可以打電話到服務生櫃枱（Bell Captain Desk），跟他說好有幾件行李，請他派服務生來。然後你只要把行李放在房間中，服務生就會上來拿行李。最後別忘了給小費。

使用信用卡要簽Voucher

　　如果是使用信用卡，在 check-out 的時候會在一張叫 voucher 的紙上簽名。voucher 跟收據差不多，但是還包括帳單、付款通知單及收據。若是透過旅行社（travel agency）預訂旅館時，就可把旅行社發行的旅行券當作 voucher。同樣地，在簽名之後交給旅館，旅行社自會委託信託公司辦理付費手續。

結帳時要檢查帳單

　　結帳的地方是在櫃枱的出納處（Cashier），大旅館可能有好幾個程序的窗口。但無論如何在付費或簽Voucher之前，一定要仔細檢查帳單上的各個項目，以免有搞錯的情形。譬如你可能沒打電話，但確有電話費等。所以一定要把不明白的項目弄清楚，而且這樣的要求並不失禮。

Ⅳ 退房實用字彙

check out〔'tʃɛk ,aʊt〕*v.* 退房；辦遷出

check-out time　退房時間

cashier〔kæ'ʃɪr〕*n.* 出納處；出納員

bill〔bɪl〕*n.* 帳單

voucher〔'vaʊtʃɚ〕*n.* 收據；證明書

hotel voucher　預付旅館費用的憑單

Chapter 3

Sightseeing 觀光

1. 詢問觀光資料

Asking for Sightseeing Information

I 詢問觀光資料實用語句

询問有那些可以遊覽的地方

1. Please tell me some of the places I should visit.
   請告訴我一些我應該去遊覽的地方。

2. What are the | famous | places | in this city?
                  | notable | spots |

   這個城市有那些名勝?

3. What are the chief points of | interest | in
                                 | historical interest |

   | this city? | 這個城市 | 有那些主要的 | 觀光勝地? |
   | Paris? | 巴黎 | | 名勝古蹟? |

4. Is there anything interesting in Paris?
   巴黎有什麼好玩的地方?

5. I wonder if you could suggest a three-day trip for me.
   不知道你是否能就三天的旅遊給我一個建議。

6. I have to be back by 4 o'clock. Can you suggest a list
   of places to visit?
   我得在四點以前回來,你能不能提供我幾個可以去遊覽的地方?

7. What time does the museum open?
   博物館幾點開放?

8. How much is the admission fee？ 入場費多少？

9. Where can I get information on sightseeing？
   在那裏可以得到觀光的資料？

問怎麼去最好

1. How do I get there？ 我怎麼去？

2. What's the

| best |
| fastest |
| most convenient |
| cheapest |

way to get to Disneyland？

怎麼到狄斯耐樂園最

| 快？ |
| 方便？ |
| 省錢？ |

3. I want to get a road map of the city.
   我想拿一份這個市的道路圖。

4. I have marked the places to see.
   我已經在要去的地方做了記號。

5. Please tell me which is the most convenient transportation service to visit these places.
   請告訴我坐什麼交通工具到這些地方最方便。

   ＊ service〔ˈsɜvɪs〕*n.*（火車、汽車等的）便利；來往

6. Can you tell me the best sightseeing route to take？
   你能不能告訴我最好的觀光路線？

II 詢問觀光資料實況會話
Asking for Sightseeing Information
詢 問 觀 光 資 料

（ T = Tourist 觀光客 ，B = Bellboy 服務生 ）

T : I'd like to visit the famous spots in London. Can you tell me what they are?

我想遊覽倫敦的名勝，你可以告訴我有那些嗎？

B : Well, the British Museum, Buckingham Palace, the Houses of Parliament, Big Ben, Oxford Street are all good points of interest in this city, especially the Palace, which is the place you should never miss, because it's quite unique.

嗯，大英博物館、白金漢宮、國會大廈、大鐘、牛津街都是市裏的觀光勝地。尤其是白金漢宮決不該錯過，因為它相當特別。

T : Oh, I can't wait to go, but I have only one day, so do you think I can visit all of those places in one day?

啊，我等不及要去了，但是我只有一天的時間，你想我能在一天裏面遊覽全部的地方嗎？

B : No, you can't if you want to take a good look at them instead of just having a quick glance.

不能，如果你想好好遊覽而不是走馬看花的話。

T: That's too bad. But I still can choose a few of them. Then what's the best way to do my sightseeing?

太可惜了，但我還是可以選一些地方看，那我最好怎麼遊覽呢？

B: In that case I suggest you call a cab. It would save you a lot of time. But if I had time, I would take a tour bus.

這樣的話，我建議你叫計程車，那可以省很多時間，但是如果我有時間，我會搭遊覽車。

T: O.K. Thank you.

好，謝謝。

* Big Ben 是倫敦國會大廈旁邊鐘塔上的鐘。
  take a good look at 仔細地看　　glance 〔glæns〕 *n.* 瞥
  in that case 在那個情況下

Ⅲ 詢問觀光資料況簡介

資料來源

想在有限的時間內，對旅遊活動做最好的安排，最好先有資料。以下分列幾種資料來源：

▲ 當地觀光局。除了索取觀光手冊外，也可以詢問該局人員。

▲ 旅館櫃枱。除可向櫃枱人員及服務生詢問以外，有些旅館甚至有代買車票的服務。

▲ 大飯店大廳中免費供應的資料。

▲ 旅行社、遊覽車公司。可以在分類電話簿中查到他們的住址和電話號碼。

▲ 報紙、雜誌。可找到大型演講及演奏的資料。

此外，如果是在美國阿拉斯加以外的地方，只要拿起電話撥 800-255-3050（堪薩斯州撥 1-800-322-4350），就可以得到美國旅遊詢問中心的免費服務。該中心有懂得各種語文的電話翻譯員，可以為你解答一切的旅遊問題。如來往各城市間的交通路線，各博物館、遊樂場等的開放時間和入場費，及如何買汽車保險、遺失證件時該如何等問題。

準備一份地圖

在決定好要去的地方後，在動身前要想好如何做最有效的旅遊。這時手邊最好有一份地圖，有了地圖可以知道大概的位置與距離。地圖可以用買的，也可以在旅館拿到，而如果能事先在國內買到中英對照的地圖就更好了。以下是使用地圖的方法：

▲ 在現在所在地作上記號。

▲ 在目的地作上記號。

▲ 和旅館櫃枱或車站服務處的人討論路線及交通工具。

▲ 決定搭巴士、火車時，註明起站和終站。

▲ 詢問下車地點到目的地的距離及所需時間。

Ⅳ 詢問觀光資料實用字彙

sightseeing spot 〔'saɪt,siɪŋ ,spɑt〕*n*. 觀光勝地

famous spot 〔'feməs ,spɑt〕*n*. 名勝

scenic spot 〔'sinɪk ,spɑt〕*n*. 觀光勝地；風景區

points of interest 〔'pɔɪnts əv 'ɪntrɪst〕*n*. 好玩的地方

historical relics 〔hɪs'tɔrɪkl̩ 'rɛlɪks〕*n*. 歷史古跡

~~~~~~~~~~~~~~~~~~~~~~~~~~~

museum〔mju'ziəm,-'zɪəm〕*n*. 博物館；〔美〕美術館

art gallery 〔'ɑrt ,gælərɪ〕*n*. 美術館

memorial hall 〔mə'mɔrɪəl ,hɔl〕*n*. 紀念館

wax museum〔'wæks mju'ziəm〕*n*. 蠟像館

aquarium〔ə'kwɛrɪəm〕*n*. 水族館

~~~~~~~~~~~~~~~~~~~~~~~~~~~

zoo〔zu〕*n*. 動物園

amusement park〔ə'mjuzmənt ,pɑrk〕*n*. 遊樂場（＝amusement grounds;=〔英〕fun fair）

national park〔'næʃənl̩ ,pɑrk〕*n*. 國家公園

botanic(al) garden〔bo'tænɪk(l) 'gɑrdn̩〕*n*. 植物園

exposition；fair 〔,ɛkspə'zɪʃən；fɛr〕*n*. 博覽會

~~~~~~~~~~~~~~~~~~~~~~~~~~~

palace 〔'pælɪs〕*n*. 宮殿   temple 〔'tɛmpl̩〕*n*. 寺廟

square 〔skwɛr〕*n*. 廣場

circus 〔'sɝkəs〕*n*. 圓形廣場〔廣場，競技場〕

cathedral 〔kə'θidrəl〕*n*. 大教堂   abbey 〔'æbɪ〕*n*. 大修道院

hall 〔hɔl〕*n*. 廳

building 〔'bɪldɪŋ〕*n*. 大廈；建築

2. 搭計程車觀光
Sightseeing by Taxi

I 搭計程車觀光實用語句

詢問搭車地點

1. Where can I take a taxi?
   我在那裏可以搭到計程車?
2. Can you tell me where the taxi stand is?
   你能告訴我計程車站在那裏嗎?

搭車

1. Taxi! 計程車!
2. Is this cab available? 這輛計程車是空車嗎?

問價錢

How much is it	from here to Chinatown?
How much would it be	
How much is the fare	
What's the fare	

從這裏到唐人街要多少錢?

告訴司機目的地

1. The Yellow Stone Park, please.
   請開往黃石公園。

2. Please | take | me to | the British Museum.
         | go | | downtown.
                        | a good place to eat.

請載我到 | 大英博物館 。
        | 商業區 。
        | 吃東西的好地方 。

趕時間時

1. Please hurry. I | am late.
                   | have to get there quickly.
                   | have to be back to my hotel as quickly
                   | as possible.

請快一點，我 | 遲到了 。
           | 得趕快到那裏 。
           | 得儘快回到旅館 。

2. Would you please take the | shortest | way?
                            | quickest | route?

請你走最 | 近 | 的路好嗎 ？
        | 快到 |

下車‧請司機停車、稍候

1. Please stop and wait till I take a picture of the Waterloo
   Bridge. 請停車等我照一張滑鐵盧大橋的照片 。

2. Can you stop around here as I want to take some
   pictures？ 我想照一些照片 ，你能停在這附近嗎 ？

3. Please stop at the | south side of Times Square.
                       | opposite side of the National Gallery.

   請停在 | 時代廣場的南面。
          | 國家畫廊的對面。

4. Can you wait here, please? I'll just be a moment.
   你能在這裏等嗎？我一會兒就來。

5. Two of us want to get off at Piccadilly Circus and the rest want to go to the Tate Gallery.
   我們有兩個人在匹卡德里廣場下車，其他的人要到塔德美術館。

* circus 〔 ′sɝkəs 〕 *n*. 〔英〕圓形廣場

6. Please | drop me off | at my hotel.
          | stop

   請你在旅館 | 讓我下車。
              | 停。

7. Could you stop | near the bank?
                  | in front of that white building?

   你能在 | 靠近銀行的地方
          | 那棟白色建築物前面 | 停嗎？

付錢

1. How much is the fare? 多少錢？
2. Here you are. Keep the change.
   給你，不用找錢。

3. My change, please. 請找錢。

4. Is that fare including the tip?

這費用包括小費嗎？

5. The information office didn't say the fare would be that high.

詢問處沒有說費用會那麼高。

Ⅱ 搭計程車觀光實況會話

Sightseeing by Taxi

搭 計 程 車 觀 光

（ To = Tourist 觀光客 ， Ta = Taxi Driver 計程車司機 ）

To： Metropolitan Museum of Art in Central Park, please.
請開往中央公園的大都會美術館 。

Ta： Art Gallery? O.K. This is one way, so we'll go through the Fourth Avenue.
美術館嗎？ 好 。 這是單行道 ， 所以我們要走第四街 。

To： Yes, please. 好 。

Ta： Are you going to stay in New York long?
你要在紐約待很久嗎 ？

To： About a week. This avenue is busy, isn't it?
大概一個禮拜 ， 這條街很熱鬧 ， 對不對 ？

Ta： It's like this every Monday. 每個禮拜一都這樣 。

To： That's Central Park, isn't it?
那是中央公園 ， 對嗎 ？

Ta： That's right. At the entrance in the front?
對 。 停在前面的入口嗎 ？

To： Yes, stop there, please. 是的 ， 就請停在那裏 。

---

* metropolitan 〔͵mɛtrə'pɑlətn 〕 *adj.* 大都市的
museum 〔 mju'zɪəm, -'zɪəm 〕 *n.* 博物館；〔美〕美術館
gallery 〔 'gælərɪ 〕 *n.* 畫廊；美術館　　art gallery 美術館
avenue 〔 'ævə͵nju 〕 *n.* 〔美〕大街（馬路）

Ⅲ搭計程車觀光實況簡介

在國外旅遊，若時間不充裕，又沒有參加旅行團體時，搭計程車直駛各處觀光勝地可以說是最方便的，而且能自己決定行程。

叫計程車

通常計程車可以隨處叫到，但有時在較不熱鬧的地方，則必須走到計程車站（taxi stand）去叫車。如果你是在旅館或餐廳打電話到計程車公司叫車，要多給小費。給計程車司機的小費約為車資的15～20％。

計程車費的算法

外國計程車大多用時間距離合併計費的計程車表。此外有按人數、行李費、駕駛費、夜間費用、市外費等來計算的；也有依通過的街區（block）數和地區來計算；另外也有定出基本費，然後按距離遞增的計費法。這些算法隨國家和都市而不同，但至少都有準則。最怕的是遇到壞司機，看你是觀光客而故意漫天要價。這時如果你預先看過地圖，知道大概的距離，或向人請問過大概的車資，就比較不容易受騙。

Ⅳ搭計程車觀光實用字彙

taxi〔'tæksɪ〕*n.* 計程車
  taxi stand　計程車招呼站　　taxi driver　計程車司機
  taxi meter　計程車表　　　　taxi fare　　計程車費
trunk〔trʌŋk〕*n.*〔美〕汽車的行李箱（＝〔英〕boot）
minimum fare〔'mɪnɪməm ,fɛr〕*n.* 基本收費（↔ extra～額外收費）
tip〔tɪp〕*n.* 小費　　　　　　　drop〔drɑp〕*v.* 讓（人）下車
change〔tʃendʒ〕*n.* 零錢

3. 搭遊覽車旅遊

Traveling by Tour Bus

Ⅰ 搭遊覽車旅遊實用語句

預訂旅遊

1. Can I have a brochure of the sightseeing tours?
   我可以拿一份觀光旅遊手冊嗎?

2. I'd like to | take / join | tour 12. / No. 12 tour.   我想參加12號旅遊。

問旅遊的時間

1. What time does the | tour / sightseeing | start?

   這個 | 旅遊 / 觀光 | 什麼時候開始?

2. How long does the tour last? 這個旅遊要多久?

3. How long is the stopping time at each place?
   每個地方停留多久?

4. How long does it take to get back to the hotel?
   車子要多久才回到旅館?

5. What time will the bus bring me back?
   巴士什麼時候可以把我載回去?

問旅遊所經之地

1. Where will the tour go？ 這個旅遊到那裏？
2. What (places) does the number eight tour include？
   八號旅遊包括那些地方？

問費用

1. How much does it cost？ 要多少錢？

2. | How much is
 What is the price of | this tour？ 這個旅遊要多少錢？

3. Is the tour all inclusive？ 這個旅遊包括所有的費用嗎？

問上車地點

1. Where are the different pick-up places？
   在那些不同的地方載人？
2. Which pick-up service is most convenient for me？ I am
   staying at the Hilton hotel.
   在那裏上車對我最方便？我住在希爾頓飯店。
3. Is there a pick-up service at this hotel？
   會到這家旅館來載嗎？

問導遊

Do you have a Chinese-speaking guide？
你們有說中國話的導遊嗎？

遊覽觀光勝地 —— 詢問所見到的名勝

1. What's that building？ 那棟建築物是什麼？

2. What's the name of that

place？
building？
bridge？

那個地方
那棟建築
那座橋

叫什麼名字？

3. How tall is the Statue of Liberty？ 自由女神有多高？

4. How long is the Golden Gate Bridge？ 金門大橋有多長？

5. How large is the Yellow Stone Park？ 黃石公園有多大？

6. How wide is the Grand Canyon？ 大峽谷有多寬？

7. How old is the Capitol Building？ 美國國會大廈歷史有多久？

8. Who is that a statue of？ 那是誰的雕像？

9.
Who is
What's
that memorial for？ 那座紀念碑是紀念
誰？
什麼？

照相

1. Would you please take

my picture？
our picture？
my picture with the statue？

請你替
我
我們
我和這雕像
照相好嗎？

2. 　| Is it all right | to take | pictures | here?
　| Am I permitted | | photographs |

　| 可以 | 在這裏照相嗎?
　| 我可以 |

3. Do you mind posing with me? 你和我照個相好嗎?

　 ＊ pose〔poz〕*v.* (在作畫、照相之前) 擺好姿勢

問時間、行程

1. How long will we stay here?

　我們要在這裏停留多久?

2. When should I 　| reboard | the bus?
　 | get back on |

　我什麼時候要再上車?

3. Do you know what the next stop is?

　你知道下一站是那裏嗎?

錯過遊覽車時

1. I was with the Gray Line Tour. 我是參加灰線旅遊。

2. I missed the bus. 我錯過了巴士。

3. What should I do? 我該怎麼辦?

4. Could you show me where we are now?

　你能告訴我這是那裏嗎?

5. How far is the hotel from here? 旅館離這裏有多遠?

6. Can you tell me how to get there?

　你能告訴我怎麼到那裏嗎?

Ⅱ 搭遊覽車旅遊實況會話(1)

Booking a Tour

預 訂 旅 遊

（ T ＝ Tourist 觀光客 ， C ＝ Clerk 職員 ）

T : Excuse me. Can I have a brochure of the sightseeing tours? 對不起，我可以拿一份觀光旅遊手冊嗎？

C : Yes. They are on the rack. Help yourself, and feel free to ask any questions.
可以，在架子上，你自己拿，請儘管問問題。

T : Thank you. I would like to join this tour, "All-Day Disneyland."
謝謝，我想參加這個旅遊，"全天狄斯耐樂園"。

C : Here's your ticket. That will be twenty-five dollars. Thank you.
這是你的票，要二十五元，謝謝。

T : What time does the tour start?
旅遊什麼時候開始？

C : The pick-up bus will come at 9 o'clock, so please be here by that time. 接客巴士會在九點來，所以請你在九點以前到這裏。

T : All right. Thank you. 好，謝謝你。

* brochure 〔bro'ʃur, -ʃjur〕 *n.* 小冊子
  rack 〔ræk〕 *n.* 架子　　*help yourself* 請自己拿
  feel free to ～　請自由地～
  pick-up bus *n.* 在主要旅館和出發地點間接送旅客的巴士

Ⅱ搭遊覽車旅遊實況會話(2)

On the Tour Bus

在 遊 覽 車 上

（ **T ＝ Tourist** 觀光客 ， **P ＝ Passenger** 旅客 ， **G ＝ Guide** 導遊 ）

T : Excuse me, can I take this seat ?
　　對不起 ，我能坐這個位子嗎 ?

P : Sure. Have a seat, please. 當然 ，請坐 。

G : Welcome to this sightseeing tour. First we will go to
　　Chinatown. We're now passing Columbia University.
　　歡迎參加這次觀光旅遊。首先我們要到唐人街 ，現在正經過哥倫
　　比亞大學 。

T : Excuse me, may I ask what that tall building is ?
　　對不起 ，請問那棟高高的建築是什麼 ?

G : It's the United Nations Building.
　　那是聯合國大廈 。

T : Oh, I see. Thank you.
　　哦 ，我知道了 ，謝謝 。

　　＊　the United Nations 聯合國

Ⅱ搭遊覽車旅遊實況會話(3)
Missing the Tour Bus
錯 過 巴 士

（ T＝Tourist 觀光客， S＝Sales Clerk 店員 ）

T : Do you have a pay phone？

你們有公共電話嗎？

S : Sure, right over there.

有，就在那裏。

T : Can you help me？ I was with the Gray Line Tour, and I've missed the bus. What should I do？

你能幫我忙嗎？我參加灰線旅遊，但是錯過了巴士，我該怎麼辦？

S : Which tour were you on？

你參加那個旅遊？

T : Tour One. The Full-Day City Sightseeing Tour.

一號，市內全天觀光旅遊。

S : I see. Well, I'm sure that bus stops at the Century Plaza, so you can catch it there.

哦，那麼我相信巴士會停在世紀廣場，你可以在那裏搭上車。

T : Great, I'll take a taxi. 太棒了，我要搭計程車去。

S : I'd catch a local bus if I were you. It leaves from the bus stop on the corner by the bank.

如果我是你的話，我會搭市區巴士，它從銀行旁邊的巴士站出發。

T： What's the number？ 幾路車？

S： 34. The Century Plaza stop is either the sixth or the
seventh. Ask the driver.

34路。世紀廣場不是第六站就是第七站，問司機。

T： O.K. Thank you very much.

好，眞謝謝你。

S： Hope you catch it.

希望你搭上。

* pay phone **n.** 公共電話（＝public phone）
sales clerk **n.** 店員

Ⅲ搭遊覽車旅遊實況簡介

搭遊覽車，參加觀光團旅遊，至少有兩大好處：一是有計劃，行程緊湊；二是有導遊介紹，可以獲得許多寶貴的常識。

參加觀光團

在國外許多觀光事業較發達的國家都有遊覽車公司及旅行社為旅客安排旅遊，並有固定的旅程表供旅客選擇。而美國則有很多巴士公司兼營遊覽車（tour bus, sightseeing bus），及觀光團的服務，如灰狗公司的灰線旅遊（Gray Line Tour），種類非常多；有的只要花數小時，有的為期數天，可以配合自己的時間做最好的安排。同時車上還有嚮導負責解說。你如果想參加灰線旅遊，除了到它的服務處申請以外，還可以在紐約、舊金山和洛杉磯各旅館的櫃枱辦理。旅程表會貼出來，你報名以後，他們就會告訴你明天幾點有車子來接，到時旅館還會廣播。隔天車子開到目的地以後，旅客下車遊覽；到下午幾點時，車子又會來接。但可能不只來一輛車，而是分幾路地把旅客送回各自的旅館。像這樣的服務，對不是參加旅行團出國的旅客來說，真是太方便了。

錯過遊覽車時

你如果在旅遊途中錯過遊覽車，可以搭計程車或巴士趕到下一站，必要時可以請附近商店的店員幫忙叫車或問他到那裏搭公車，而當然你最好給他一點小費。除此以外，你可以打電話回旅館或該遊覽車公司、旅行社的服務處，請教解決的辦法。因此你最好隨身帶有旅館卡片及服務處號碼，以便諮詢。

Ⅳ搭遊覽車旅遊實用字彙

tour bus〔'tʊr ,bʌs〕 *n.* 遊覽車 (= sightseeing bus)

tour〔tʊr〕 *n.* 旅遊　　*book a tour* 預訂一次旅遊

tourist party〔'tʊrɪst ,pɑrtɪ〕 *n.* 觀光〔旅行〕團

tourist agency〔'tʊrɪst ,edʒənsɪ〕 *n.* (觀光) 旅行社

brochure〔bro'ʃʊr,-'ʃjʊr〕 *n.* 小冊子

pick-up bus〔'pɪk,ʌp ,bʌs〕 *n.* 接客巴士

pick-up time〔'pɪk,ʌp ,taɪm〕 *n.* 上車時間

guide〔gaɪd〕 *n.* 導遊

~~~~~~~~~~~~~~~~~~~~~~~~~~~~~~

mountain〔'maʊntn̩,-tən〕 *n.* 山

river〔'rɪvɚ〕 *n.* 河

lake〔lek〕 *n.* 湖

hot spring〔'hɑt 'sprɪŋ〕 *n.* 溫泉

waterfall〔'wɑtɚ,fɔl〕 *n.* 瀑布

fountain〔'faʊntn̩,-tɪn〕 *n.* 噴泉

tower〔'taʊɚ〕 *n.* 塔

bridge〔brɪdʒ〕 *n.* 橋

monument〔'mɑnjəmənt〕 *n.* 紀念碑

statue〔'stætʃʊ〕 *n.* 雕像

4. 搭市區巴士與長途巴士旅遊

Traveling by City Bus & Cross Continental Bus

I 搭市區巴士與長途巴士旅遊實用語句

搭市區巴士旅遊 —— 問搭車地點

1. Is there a bus stop near here? 這附近有巴士站嗎?

2. Where can I | catch / take | the bus to | the Century Plaza? / Disneyland?

   我在那裏可以搭巴士到 | 世紀廣場? / 狄斯耐樂園?

3. Where can I take a number ten bus?
   我在那裏可以搭到十路車?

問搭什麼車

1. What (number) bus should I take to the zoo?
   到動物園我該搭幾路車?

2. Please tell me which bus goes to Central Park.
   請告訴我那輛巴士有到中央公園。

問路線圖和時刻表

1. Could I have a route map and a timetable?
   我可以拿一份路線圖和時刻表嗎?

2. Is there a Minibus timetable?
   有迷你巴士的時刻表嗎?

問價錢

How much would it be from here to Central Park?
從這裏到中央公園要多少錢？

問班次

1. How often do the buses run？公車多久來一班？
2. What time does the bus leave？公車什麼時候開？
3. When is the next bus, please？下班車什麼時候開？
4. When is the last bus back？回程的最後一班車什麼時候開？

問有沒有到目的地

Does this bus | go to | the British Museum?
           | stop at |

這輛巴士 | 有到 | 大英博物館嗎？
      | 會停在 |

問在那裏下車

1. What stop is this？這是那一站？
2. Where do I get off to get to the National Park?
   到國家公園要在那裏下車？
3. How many stops is it to the zoo？到動物園有幾站？
4. Would you please tell me | where | to get off?
                  | when |

   請你告訴我 | 在那裏 | 下車好嗎？
           | 什麼時候 |

5. Please tell me when I get there.
   到站時請告訴我。

6. Should I get off at the next stop?
   我該在下一站下車嗎？

6. I want to get off at the next stop.
   我要在下一站下車。

搭長途巴士專門用語 —— 問搭車地點

1. Where's the Greyhound depot?
   灰狗巴士的車站在那裏？

   * depot〔'dipo, 'dɛpo〕*n.* 公共汽車站

2. Is this the right bus for Chicago?
   這是往芝加哥的巴士嗎？

問車上的規定

1. Is it all right to smoke on the bus?
   車上可以吸煙嗎？

2. Can I take these bags on the bus?
   我可以帶這些行李上車嗎？

問行程

1. When's the first stop? 第一站什麼時候到？

2. How long is it to the next stop?
   到下一站有多久？

3. How long does the bus stop at Santa Fe?
   車子會在聖塔菲停多久？

II 搭市區巴士與長途巴士旅遊實況會話(1)

Traveling by City Bus

搭 市 區 巴 士 旅 遊

(P = Passenger 旅客 , I = Information Clerk 詢問處職員)

P : Hello. 哈囉 。

I : Hi. 嗨 。

P : Could I have an RTD route map and a timetable ?
可以給我一張RTD路線圖和時刻表嗎 ?

I : If you tell me where you're staying, I can give you the bus numbers.
如果你告訴我你住在那裏 , 我就可以告訴你巴士車號 。

P : I'm staying at the Bonaventure Hotel.
我住在波那芬卻爾飯店 。

I : Where would you like to go?
你想到那裏去 ?

P : Disneyland, Hollywood, and Universal Studios, and Little Tokyo. 狄斯耐樂園、好萊塢、環球製片廠和小東京 。

I : O.K. For Hollywood, you will take bus number 1, and for Universal Studios number 35. Where else did you say?
好 , 到好萊塢你要搭 1 路車 , 到環球製片廠是 35 路 , 你還說了什麼 ?

P : Disneyland and Little Tokyo.

狄斯耐樂園和小東京。

I : Well, for Disneyland you can take the express bus, which is number 800. And for Little Tokyo, I suggest that you take the Minibus.

嗯，到狄斯耐樂園可以搭特快巴士，是 800 路；到小東京我建議你搭迷你巴士。

P : Is there a Minibus timetable?

有迷你巴士的時刻表嗎？

I : Well, the Minibus comes every ten minutes, and the stops are clearly marked, so there won't be a problem.

嗯，迷你巴士每十分鐘來一班，而且站牌很清楚，所以不會有問題。

P : O.K. Thank you. 好，謝謝你。

I : You're welcome. 不客氣。

---

* information clerk *n.* 詢問處職員

　RTD *n.* 全名爲Southern California Transit District 是洛杉磯近郊擁有
　　巴士路線的公營機構名稱

　route map *n.* 路線圖

　timetable〔 'taɪm,tebḷ 〕*n.* （火車、公車等的）時刻表

　express〔 ɪk'sprɛs 〕*n.* 快車

Ⅱ搭市區巴士與長途巴士旅遊實況會話⑵

Traveling by Cross Continental Bus

搭 長 途 巴 士 旅 遊

（ P ＝ Passenger 旅客，D ＝ Driver 司機 ）

P ： Is this the right bus for San Francisco?
　　這是到舊金山的巴士嗎？

D ： It sure is. Can I see your ticket? O.K., fine.
　　正是，我可以看你的車票嗎？好了，沒問題 。

P ： When's the first stop? 第一站什麼時候到？

D ： About two hours out of Los Angeles. Give me the bags,
　　I'll put 'em on the bus. Here's your claim tag. Don't
　　lose it. When you get off the bus, give it to me.
　　大約出洛杉磯後兩小時。袋子給我，我會放在車上。這是你的籤
　　條，不要丟了，下車時給我 。

P ： Thank you. 謝謝 。

P ： Is it all right to smoke on the bus? 車上可以抽煙嗎？

D ： Sure, but only in the rear, and only cigarettes. And
　　alcohol is not allowed.
　　可以，但是只能在後座，而且只能抽香煙，也不能喝酒 。

P ： I see. Thank you. 我知道了，謝謝你 。

---

* cross continental bus *n.* 長途巴士
　　It sure is. 正是　　　'em 是 them 的省略　　claim tag *n.* （行李）籤條
　　in the rear 在後座（＝ *at the back*）
　　alcohol〔'ælkə‚hɔl〕*n.* 酒精；酒　　alcohol is not allowed 禁止喝酒

Ⅲ搭市區巴士與長途巴士旅遊實況簡介

市區巴士

在市區活動，最經濟的交通工具是巴士。搭乘巴士可以愉快地欣賞街景，搭地下鐵就沒有這種享受。你可以先到觀光指南社索取路線圖（Bus Route Map），再慢慢地遊覽。事先把到目的地的路線和巴士號碼記住，就能順利地搭到車子。

搭乘市區巴士

外國很多巴士（或電車）都是一人服務車，由前面上車投幣。而且乘客最好自備零錢，因為車上可能不找零。至於下車也是按鈴或拉鈴，由中間或後面的門下車。有的地方每站都會報出站名，如日本，但如果不知道在那站下，可以請教乘客或司機。

如果是在美國搭巴士，需要轉車時，可以在上車的時候跟司機說："Transfer"，這樣司機就會給你一張轉車證。有了這張轉車證，你換別的車子往目的地時，車資就會比較便宜或免費。此外還有乘車證出售，使用乘車證可以在一定的時間內自由搭乘，不限次數，並可省掉準備零錢的麻煩。

長途巴士

說到長途巴士，最有名的要算是美國的灰狗巴士（Greyhound Bus）了。它的路線遍及全美，不僅是橫越美國大陸、做長途旅行的交通工具，也是美國最大的巴士公司。坐長途巴士可能費時較久，但是要比其他交通工具來的經濟，而且可以好好欣賞鄉間的景色。

時刻表和價目表

　　Greyhound的時刻表有兩種。一種是載有全美路線的時刻表（Time-table），非常厚；另一種則是只載有都市內巴士路線的簡明時刻表，這通常可以在公車的終點站（Depot）或售票處拿到。由於美國有幾個時區，所以時刻表上的時間都是依當地的時間而寫的。有了時刻表後，再拿一份價目表（Tariff）看看費用，您就可以輕鬆地定下旅行計劃了。

買車票

　　在開車前的30分鐘要到車站（Depot）的售票櫃台（Ticket Counter）買車票，再走到標示目的地的入口。大型的巴士在車身下面可以堆放行李，如有大件行李要託運的話，不要忘記拿行李籤條（Claim Tag）。最後，要注意的是，要確認巴士正面所標示的目的地再上車，並把車票交給司機。

每隔2〜3小時有休息站

　　長途巴士每行駛2〜3小時就有休息站（rest-stop），裏面有餐廳、盥洗室、商店等，可以讓旅客下車活動。停車的時間大約是20分鐘，司機在確定乘客到齊後，才會開車，所以遲到會妨害大家。此外有一小時的吃飯時間，稱爲" meal-stop "。以下是灰狗巴士的路線圖與行車時間：

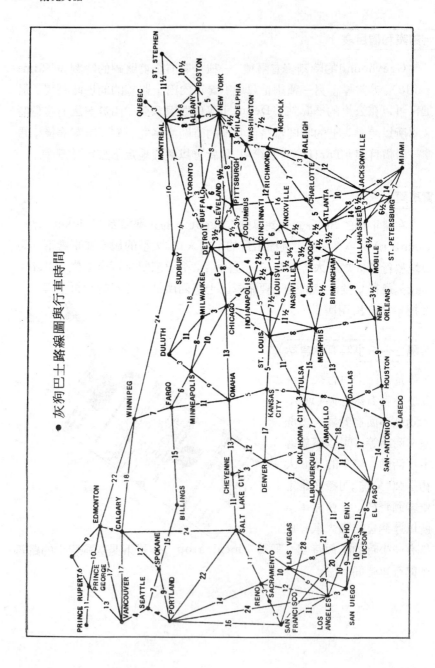

● 灰狗巴士路線圖與行車時間

車內的設備與規定

　　巴士的體積大，座位寬敞，而且因為是長途行駛，所以在車子的後部有盥洗室和廁所。基本上車內雖然禁止吸煙，但是後面的三排座位是吸煙區，可以吸煙。車內也禁止喝酒，因此不可以帶酒上車。

　　你如果想搭乘長途巴士旅遊，除了自己決定各站的行程外，也可以讓他們的旅行社安排。此外他們還發行一種叫" Ameripass"的環遊證，可以在限期內任意搭乘巴士。但這張證要在出國前先行購買，購買的地方是美國運通銀行或較大的旅行社。右圖是 Ameripass 的有效日期與費用：

日　　期	費　　用
7 天	149 美元
15 天	179 美元
27 天	299 美元
30 天	325 美元

Ⅳ搭市區巴士與長途巴士旅遊實用字彙

bus〔bʌs〕*n.* 巴士；公車

bus stop〔'bʌs ,stɑp〕*n.* 巴士站

（bus）depot〔'dipo,'dɛpo〕*n.* 巴士總站

bus driver〔'bʌs ,draɪvɚ〕*n.* 巴士司機

conductor〔kən'dʌktɚ〕*n.*（公共汽車、電車的)車掌(↔ conductress
　女車掌

~~~~~~~~~~~~~~~~~~~~~~~~~~~~~~~~~~

city bus〔'sɪtɪ ,bʌs〕*n.* 市區巴士

cross continental bus；coach〔'krɔs ,kɑntə'nɛntl̩ ,bʌs；kotʃ〕*n.*
　長途巴士

double-decker〔'dʌbl̩ 'dɛkɚ〕*n.* 双層巴士

minibus〔'mɪnɪ,bʌs〕*n.* 迷你巴士

~~~~~~~~~~~~~~~~~~~~~~~~~~~~~~~~~~

route map〔'rut ,mæp〕*n.* 路線圖

timetable〔'taɪm,tebl̩〕*n.* 時刻表

tariff〔'tærɪf〕*n.* 價目表

bus fare〔'bʌs ,fɛr〕*n.* 巴士車費

~~~~~~~~~~~~~~~~~~~~~~~~~~~~~~~~~~

get on　上車

get off　下車

next stop〔'nɛkst ,stɑp〕*n.* 下一站

transfer〔træns'fɝ〕*v.* 轉車

5. 搭火車與地下鐵旅遊
Traveling by Train & Subway

I 搭火車與地下鐵旅遊實用語句

詢問車站及站內各處地點

1. Is there a subway station near here?
   這附近有地鐵車站嗎？

2. Where is the railroad station?
   火車站在那裏？

3. Where is the nearest subway entrance?
   最近的地下鐵入口在那裏？

4. Where is the | ticket office / window?
              | information counter?

   | 售票處 / 窗口 | 在那裏？
   | 詢問台

5. Is this the right window for platform tickets?
   這是賣月台票的窗口嗎？

買票

1. One for Rome, please. 請給一張往羅馬的票。

2. | First | class to Geneva, please.
   | Second |

   請給往日內瓦的 | 頭等 | 車票 。
                | 二等

3. Please give me a | one way / round trip / first class / non-stop | ticket to New York.

請給我一張往紐約的 | 單程 / 來回 / 頭等 / 直達 | 票。

4. Two | first / second | class | single / return | (tickets) to London, please.

請給兩張往倫敦的 | 頭等 / 二等 | | 單程 / 來回 | 票。

* 單程票與來回票英美說法不同。此爲英國說法，3爲美國說法。

5. Two first class and express limited tickets for New York, please. 請給兩張往紐約的頭等特快車票。

* limited express *n.* 〔美〕（火車等乘客人數有限的）特快車

6. How much is a（train）ticket from Paris to Bonn? 從巴黎到波昂的（火車）票價多少？

訂票

1. I want to reserve a | seat / one-way ticket | to Chicago.

我想預購一張到芝加哥的 | 票。 / 單程票。 |

2. Can I make a reservation on another train?
   我可不可以預購其他班車的票?

3. How many days is this ticket good for?
   這張票的有效期限是幾天?

* 售票員的話 *

1. How do you want to travel? First class or coach?
   你要怎麼旅行?要坐頭等廂還是普通廂?

   * coach〔kotʃ〕*n.*〔美〕(火車、客機等的)普通廂(艙)

2. All the seats are sold out. 所有的票都賣光了。

3. Only two tickets left. 只剩兩張票。

4. There are a few available for the 5th. 5號有幾張票。

請求退票

Could you please refund my hundred dollar train ticket to
me? 請你退我一百元的車票錢好嗎?

* 職員的話 *

1. Please pay a cancellation fee of 10 dollars.
   請付十元的退票手續費。

2. We can't give you a refund for this ticket.
   這張票我們不能退錢。

3. The ticket is no longer valid. 這張票已經無效了。

轉車

1. Do I have to change trains? 我得轉車嗎?

2. Can I transfer by this ticket? 我可以憑這張票轉車嗎?

3. Where can I transfer to the uptown / downtown express?

往 住宅區 / 商業區 的快車要在那裏換?

寄運行李

1. Where is the baggage counter / office ?

寄運行李的 櫃枱 / 辦事處 在那裏?

2. Where do / can I check my baggage? 我要到那裏寄運行李?

＊寄運行李是搭火車的服務。

問火車出發時間

1. When is the train for Paris? 往巴黎的火車什麼時候開?

2. When does the (next) train for Spain leave? / depart?

往西班牙的（下一班）火車什麼時候開?

問搭火車的地點

1. Where can I catch an express / a local (train) for London?

我要在那裏搭往倫敦的 快 / 慢 車?

2. From what platform does the train start?
   火車從那個月台開出？

3. Does the train leave from the platform?
   火車從這個月台出發嗎？

4. Which platform should I go to catch the 3:30 train
   | for |
   | to |

   Belgium？ 我要到那個月台搭3點半開往比利時的火車？

5. Which track does the train for Paris start from?
   往巴黎的火車在那個線道開出？

6. Is this the place for the train to Brussels?
   這就是等往布魯塞爾火車的地方嗎？

上車

1. Is this the train for
   | Lisbon？ |
   | Times Square？ |

   這是往
   | 里斯本 |
   | 時代廣場 |
   的車嗎？

2. Does this train
   | go to |
   | stop at |
   Lyon? 這火車
   | 有到 |
   | 會停在 |
   里昂嗎？

3. Is the train starting？ 火車開了嗎？

在車上

1. Excuse me, is this seat occupied？
   對不起，請問這位子有人嗎？

2. Please let me | pass. | 請讓我過。
                 | by. |

   ＊ 說 Excuse me. 往往就可以表示得很清楚。

3. | Would | you mind if I | open this window? |
    | Do | | smoke here ? |

    你介意我 | 打開窗戶 | 嗎?
             | 在這裏抽煙 |

4. Where is the | men's room? | | 男盥洗室 | 在那裏?
                  | dining car ? | | 餐車 |
                  | sleeping car ? | | 臥車 |

5. Is there a | dining | car on this train?
               | sleeping |

    這輛火車有 | 餐車 | 嗎?
               | 臥車 |

   ＊ 地下鐵沒有餐車、臥車。

詢問行程

1. What stop is this? 這是那一站?
2. How long will we stop here?
   我們要在這裏停多久?
3. What is the next stop? 下一站是那裏?
4. How long till we get to Milan?
   到米蘭還有多久?

5. How many stops

| is it to Venice? |
| are there from here to Venice? |
| are there between here and Venice? |

| 到 |
| 從這裏到 |

威尼斯有幾站?

下車

1. Please tell me when the train arrives Madrid.
   火車到馬德里時請告訴我。

2. Excuse me, but will you tell me when we come to the
   station where I

   | get off the train? |
   | change trains? |

   對不起,到了我要

   | 下車 |
   | 換車 |

   的站時,請告訴我好嗎?

3. Excuse me, I want to get off. 對不起,我要下車。

* 車上人員及乘客的話 *

1. This seat is occupied. 這位子有人。
2. These are reserved seats. 這些座位被預訂了。
3. Ticket, please. 請拿出你的票。
4. Please show me your ticket. 請給我看你的票。
5. Your

   | reserved seat |
   | sleeping berth |

   is No. 6. 你的

   | 預訂座位 |
   | 睡舖 |

   是6號。

6. You have gone past your station. 你坐過站了。

II搭火車與地下鐵旅遊實況會話(1)
Traveling by Train
搭 火 車 旅 遊

（ T ＝ Tourist 觀光客，S ＝ Station Clerk 車站職員 ）

T ： Excuse me. Can you tell me where I can get a ticket for a train to Paris?

　　對不起，你可以告訴我在那邊買往巴黎的火車票嗎？

S1： Go to window 6 right over there.

　　到那邊的 6 號窗口。

T ： Thank you. 謝謝。

T ： A single ticket to Paris. 請給一張往巴黎的單程票。

S2： Which class do you want? First or second?

　　你要那一等？頭等還是二等？

T ： First, I've heard that there's quite some difference between them. 頭等，我聽說兩種頗有差別。

S2： Yes, you can enjoy a real European train service by going first class, and that'll be nine dollars.

　　是的，搭頭等你可以享受眞正的歐洲火車服務，要九塊錢。

T ： Here you are. But I'm still not sure when the train leaves and which platform I should go to.

　　這裏。但我還不清楚火車什麼時候開，和要到那個月台去搭。

S2： About 9:30 at platform 4. Listen carefully to the station announcement. Enjoy your trip.

　　大概是九點半，在 4 號月台，注意聽車站的廣播，好好享受旅遊。

T : Thank you, I will． 謝謝，我會的。

> * platform〔'plæt,fɔrm〕*n.* 月台
> station announcement *n.* 車站的廣播

Ⅱ 搭火車與地下鐵旅遊實況會話⑵
Traveling by Subway
搭 地 下 鐵 旅 遊

（ T＝Tourist 觀光客，P＝Passenger 乘客）

T : Excuse me. Could you tell me which would be the quickest train to Times Square ?
　　對不起，你能告訴我到時代廣場搭什麼火車最快嗎？

P : You take the A train to 44th and Broadway and then change to the Ferry Express. You get off at Times Square station.
　　你搭A車到44街和百老匯街口，接著換渡輪快車，在時代廣場站下。

T : Where do I catch the A train ? 我要在那裏搭A車？

P : You just wait right over on the other platform. Go back upstairs, and cross over. Just follow the signs for the A train.
　　你就在那邊另一個月台等。往回走上樓梯，再越過去，就跟著A車牌子走。

T : Thank you very much． 謝謝你。

> * ferry〔'fɛrɪ〕*n.* 渡口；渡船

Ⅲ 搭火車與地下鐵旅遊實況簡介

搭火車旅遊

　　搭火車可以說是所有交通工具中最舒適最安全的，同時你還可以飽覽各地的風光。以下分別介紹美國和歐洲的鐵路：

▲美國的鐵路

　　美國的火車設備都相當現代化，除一般的餐車外，有的還有浴室、理髮廳及燙衣等設備。火車有分等級，並分客車與臥車票。你如果要寄運行李，必須先到車站的行李室辦理寄運手續，並且要妥善保管籤條。另外如果有腳夫幫你搬運行李，可以給他一元的小費。

　　美國的鐵路，除阿拉斯加是國營以外，幾乎全部是民營，數目高達七百多家，其中以美國鐵路公司－Amtrak 最大且最有名，它是半公營半私營的運輸機構，設備豪華，服務又好，很受人歡迎。此外他們還有專供外國旅客使用的鐵路優待證（USA Rail Pass），可供旅客在限期內自由搭乘，並通用於全國各地。它的有效期限有七天、十四天、二十一天及三十天四種，必須在出發前預先購買。

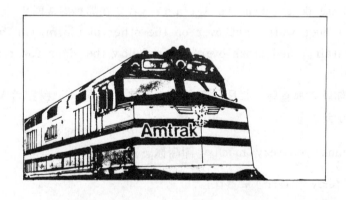

▲歐洲的鐵路

　　歐洲鐵路的特徵是國營，而且有通行於各國的「國際列車」。這是因為歐洲大陸上國與國邊境相鄰，宜於彼此攜手合作，以利行旅往來。所以火車如果進入或離開某國境內，就會有該國的出入境官員及海關人員上車檢查證件。至於全歐鐵路的聯絡中心則設在巴黎，叫國際鐵路聯合會（UIC）。

　　在這些國際列車中，較有名的是平均時速高達102公里，行駛於義大利、法國、比利時、荷蘭、德國、瑞士及盧森堡之間的TEE國際特快列車。至於以巴黎為中心的鐵路則有往來於巴黎、倫敦間的金箭號列車。乘坐這輛車的旅客必須在法國的加來換乘渡船以橫越多佛海峽，臥車也隨船載過去。基本上歐洲的火車分頭等、二等，頗有差別。

搭地下鐵旅遊

　　地下鐵只有在大都市裏才有，目的是改善地面的交通。搭地下鐵雖然沒有風景可看，但卻可以迅速穿越市區，是市區內省時而方便的交通工具。

　　現在有些國家和城市的地下鐵已採用自動化的售票作業，如日本就是。你在日本搭地下鐵，要先看價目表；如果沒有零錢，就可以在換幣機換銅板，跟著把錢投進售票機，就會送出一張印有你所投金額的票。至於上車之前，有的地方省掉剪票的程序，到下車時才有人收票、核對票款；有的地方則在月台入口設有收票機，金額對了，票才會收進去，柵門才會打開。

　　這些自動化的售票作業實在是很方便，而且這樣一來，就幾乎完全不需要開口了。

Ⅳ 搭火車與地下鐵旅遊實用字彙

train〔tren〕*n.* 火車

railroad〔ˊrel,rod〕*n.*〔美〕鐵路（=〔英〕railway）

railroad station 火車站（=〔英〕railway station）

subway〔ˊsʌb,we〕*n.*〔美〕地下鐵（=〔英〕underground,〔英·倫敦〕tube）　subway station 地下鐵車站

~~~~~~~~~~~~~~~~~~~~~~~~~~~~~~~

information office〔,ɪnfɚˊmeʃən ,ɔfɪs〕*n.* 詢問處

ticket window〔ˊtɪkɪt ,wɪndo〕*n.* 售票窗口　ticket office 售票處

baggage office〔ˊbægɪdʒ ,ɔfɪs〕*n.* 行李處

~~~~~~~~~~~~~~~~~~~~~~~~~~~~~~~

one-way ticket〔美〕; single ticket〔英〕單程票

round-trip ticket〔美〕; return ticket〔英〕來回票

first class 頭等（車廂、車票）　second class 二等（車廂、車票）

half ticket 半票　　platform ticket 月台票

ticket machine 售票機　　token〔ˊtokən〕*n.* 代用硬幣

~~~~~~~~~~~~~~~~~~~~~~~~~~~~~~~

local train 普通車　　express train 快車

limited express 特快車　　through train 直達車

~~~~~~~~~~~~~~~~~~~~~~~~~~~~~~~

sleeper〔ˊslipɚ〕*n.* 臥舖車　　berth〔bɝθ〕*n.* 舖位

upper berth 上舖　middle berth 中舖　lower berth 下舖

dining car 餐車　buffet car〔ˊbʌfɪt ,kɑr〕*n.* 自助餐車

~~~~~~~~~~~~~~~~~~~~~~~~~~~~~~~

redcap〔ˊrɛd,kæp〕*n.*（火車站戴紅帽子的）脚夫

ticket examiner ; gate man 剪票員　conductor 查票員

ticket collector 收票員

6. 租車旅遊

Traveling by Renting a Car

I 租車旅遊實用語句

租車

I'd like to rent a car for | a week.
| three days.

我想租輛車子 | 一星期。
| 三天。

說出想租車子的大小、性能及名稱

1. Something not too large. 不要太大的。
2. I'd like a car that's economical on gas. 我要一輛省油的。
3. I'll take the Escort. 我要雅士。

詢問租金與保險

1. What are the rates per day? 每天租金多少?
2. What does this insurance cover? 這個保險包括什麼?

決定還車地點

1. Do I have to return the car here?
   我得在這裏還車嗎?
2. Where are your other branches located?
   你們其他的分店在那裏?

3. I will return it | here.
| to your branch in San Francisco.

我會 | 在這裏 | 還。
| 在你們舊金山的分店

詢問車子的用法

1. Excuse me, I'm not familiar with the operation of this car. 對不起，我不清楚這部車子的用法。

2. Could you please show me everything I need to know, especially how to shift the gears?
   你能把我所需要知道的告訴我，尤其是怎麼換排檔嗎？

3. | Would you please explain to me | how | this car is
   | Can you show me | | to work the

   operated?
   switches in the car?

   請你告訴我怎麼 | 操作這部車子好嗎？
   | 用這部車子的開關好嗎？

詢問其他事項

1. If I want to keep the car longer, what do I do?
   如果我車子想借更久，要怎麼辦？

2. Can I drive the car out of the state of California?
   我可以把車子開出加利福尼亞州嗎？

開車時詢問停車場、加油站、路程等

1. Where can I find a parking space around here?
   這附近那裏可以找到停車的地方？

2. Where can I leave my car parked overnight?
   在那裏可以把車子停一個晚上？

3. How far is the nearest | gas station |?
   　　　　　　　　　　　　| drive-in |

   到最近的 | 加油站 | 有多遠？
   　　　　　| 冤下車餐館 |

4. How far is the | airport | ? 到 | 機場 | 有多遠？
   　　　　　　　| airport exit | 　 | 機場出口 |

5. How do I get to Powell Street and Market Street?
   我怎麼到包威爾街和市場街的交叉口？

汽車故障時——詢問路人

1. Something is wrong with this car. 這車子出了毛病。

2. Is there a | phone | near here? 這附近有沒有 | 電話？ |
   　　　　　　| garage | 　　　　　　　　　　　　| 修車廠？ |

打電話求援

1. My car has broken down along Baker road about ten
   minutes from the downtown area.
   我的車子在貝克路上拋錨了，離商業區大約十分鐘。

2. I can't get my car started. I'm on 35th Street and Wells Street. 我車子發不動，我在35街和威爾斯街的交叉口。

3. My car is stuck in a center lane.
   我的車子堵在中央車道。

4. It's a silver Ford, license number X17-717.
   那是輛銀色的福特車，車牌號碼是X17-717。

5. How long will I have to wait?
   我要等多久？

和來幫助的人說話

1. There's something wrong. Please check it.
   有點毛病，請檢查一下。

2. There's a strange noise coming from the engine.
   引擎有奇怪的聲音。

3. My brakes feel a little soft.
   我的煞車好像有點鬆了。

4. My car has overheated.
   我的車子太熱了。

5. Could you check the radiator?
   你可以檢查散熱器嗎？

6. How much will it cost to tow away?
   把它拖走要多少錢？

加油

1. Fill it up. 加滿。

2. Fill it up with unleaded gas.
   加滿無鉛汽油。

3. Please give me twelve dollars' worth of regular.
   請給我 12 元的普通油。

4. Is the tank full now?
   現在油箱滿了嗎?

5. Can you look at the oil, please?
   請你看看油好嗎?

6. Can you check the air pressure in the tires?
   你能檢查輪胎的氣壓嗎?

還車

1. I am here to return the car.
   我來這裏還車。

2. I am returning the car. My name is Yu-Hsin Lee.
   我來還車,我叫李又新。

3. Here's the car I rented last week. Sorry about the big dent in the door.
   這是我上禮拜租的車,很抱歉車門上有個大凹洞。

Ⅱ租車旅遊實況會話⑴
Renting a Car
租　車

（ **T** ＝ **Tourist** 觀光客 ， **C** ＝ **Clerk** 職員 ）

T ： I want to rent a car for five days.
　　 我想租一部車子 5 天。

C ： Do you have a reservation?
　　 你有預訂嗎？

T ： No. 沒有。

C ： What size car do you want?
　　 你要多大的車？

T ： Something not too large.
　　 不太大的。

C ： How about an Escort or an Oldsmobile?
　　 來一部雅士或奧斯摩比如何？

T ： What are the rates per day?
　　 每天多少錢？

C ： They're both thirty dollars per day, unlimited mileage.
　　 And you pay for the gas.
　　 兩種每天都 30 元，不限里程，要付汽油錢。

T ： That sounds good. I'll take the Oldsmobile.
　　 似乎不錯，我要奧斯摩比。

C ： May I have your driver's license?
　　 我可以看你的駕照嗎？

T : Sure. Here you are.

當然，在這裏。

C : Do you want full coverage?

你要保全險嗎？

T : Yes. 是的。

C : It's seven dollars and fifty cents per day. Please read this form, sign at the bottom, and initial here. Will you be returning the car here or to one of our other branches?

每天七塊五。請看這張表，在底下簽名，字首寫在這裏。你要在這裏還車，還是在我們其他的分店還？

T : I will return it here.

我在這裏還。

C : Do you have a major credit card? Here's a copy of the contract. And I will show you to your car.

你有主信用卡嗎？這是合約影本，我帶你去看車。

T : Thank you. 謝謝。

C : Here it is, sir. Drive carefully.

就是這輛，先生，小心駕駛。

T : Don't worry, I will.

別擔心，我會的。

C : Goodbye.

再見。

T : Goodbye.

再見。

C： Goodbye. Hey！ We drive on the left in England！
　　　再見。嘿！在英國我們靠左邊開！

T： Sorry！ I forgot！
　　　抱歉！我忘了！

---

* unlimited mileage *n.* 不限里程　　***That sounds good.*** 那似乎不錯。

driver's license *n.* 駕照（ 此指國際駕照 ）

coverage〔'kʌvərɪdʒ, 'kʌvrɪdʒ〕*n.* 〔保險〕保險涵蓋的範圍

full coverage *n.* 保全險（ 包括人、物 ）

branch〔bræntʃ〕*n.* 分店

major credit card *n.* 國際信用卡（有 American Express, VISA, Master, Diner's 四種 ）

contract〔'kɑntrækt〕*n.* 契約

drive on the left〔***right***〕 靠左〔右〕駕駛

Ⅱ 租車旅遊實況會話(2)
Car Breakdown
汽 車 故 障

(F ＝ Friend 朋友 , T ＝ Tourist 觀光客)

F： I wonder what the trouble is. Do you know anything about cars？ 我奇怪毛病出在那裏。你懂車子嗎？

T： No, nothing. We'd better call a tow truck.
　　　不懂，一竅不通。我們最好叫拖車來。

F： I don't see a phone around here. 這附近我看不到電話。

T： Neither do I. You stay here, and I'll go to the nearest phone. 我也是。你留在這裏，我去找最近的電話。

F :　O.K. 好 。

T :　Hello. Our car has broken down along Baker Road, about
thirty minutes from downtown. It's a blue Oldsmobile,
license number 1 CVU 901. How long will we have to
wait? About half an hour? O.K. Please hurry!
　喂，我們的車子在貝克爾路上拋錨了。離鬧區約30分鐘，是一
部藍色的奧斯摩比，車牌號碼是 1 CVU 901 。我們得等多
久？大約半小時？好，請趕快來！

> * ***We'd better call*** ～ 我們最好叫～　　　tow truck *n*. 拖車（＝tow car）
> ***Neither do I.*** 我也是（看不出來）。　　***break down*** （機器等）故障
> license number *n*. 車牌號碼

II 租車旅遊實況會話(3)
Returning a Car
還　車

（ **P** ＝ **Pump Attendant** 加油站職員 , **T** ＝ **Tourist** 觀光客,
C ＝ **Clerk** 職員 ）

P :　Yes, sir? 是，先生？

T :　Fill it up. 加滿 。

P :　Leaded or unleaded?　要加有鉛的還是無鉛的？

T :　Unleaded. 無鉛的 。

T :　I'm here to return this car. 我來這裏還車 。

C :　Do you have your rental form, please?
　有沒有租借表，請拿出來好嗎？

T： Here it is. 在這裏。

C： Did you fill the tank? 你有沒有把油箱加滿？

T： Yes, at a gas station near here. 有，在附近的加油站加的。

C： Well, everything seems to be fine. Did you have any
trouble with the car? 好，看來一切都很好，車子有沒有毛病？

T： No, nothing. It was very nice to drive.
沒有，都沒毛病，非常好開。

C： Good. The total is one hundred and eighty-seven dollars
and fifty cents. If you could sign at the bottom of this
form, please.
好，總共 187 元 5 角，請你簽在這張表的下面。

T： Here you are. Can I catch a bus back to the Hilton Hotel
from here? 好了。我可以從這裏搭巴士回到希爾頓飯店嗎？

C： There's a bus stop right across the street, but we'd be
happy to drive you there.
對街就有一個巴士站，但我們樂意載你去。

T： Good. Thank you. 好，謝謝你。

C： Thank you. 謝謝你。

---

* pump attendant *n*. 加油站職員

　　Leaded or unleaded？ 要加有鉛（汽油）還是無鉛（汽油）？

　　rental form *n*. 租借表

　　gas station *n*. 加油站（ = service station, filling station ）

Ⅲ 租車旅遊實況簡介

在國外旅遊如果想由自己完全控制行程，而你又會開車的話，不妨到租車公司（Rent-a-Car Office）去租部車來開。

預租

訂好行程後，最好先預租。你可以在電話簿的黃頁（Yellow Pages）內查到租車公司的電話號碼。預租時要說明租車地點、還車地點、車種及使用時間。預租可以用電話，也可以在租車公司的營業處辦理。

申請國際駕照

在外國開車，應該準備國際駕照（International Driver's License）因此在出國之前須先取得。申請國際駕照的辦法是將護照、駕照及照片（5cm×4cm）一張，拿到監理所申請。此駕照的有效期間為一年。

租車所需證件

租車一定要出示國際駕照，但有時也要出示護照，並付定額的保證金（deposit）。此外有的大公司會要你提示信用卡，否則就拒絕租給你，所以有信用卡比較方便。

租車注意事項

首先是決定租那種車子，再決定租多久及還車的地點。在美國如果是向有全國租車網的公司租，如 Budget, Hertz, Avis, 就可以在其他地方還車。此外你最好投保，以防意外事件的發生。保險通常有兩種，即人身意外險及車子的毀損險。你在租車時要弄清楚保險的辦法和費用。

PERSONAL ACCIDENT INSURANCE $175,000 ACCIDENTAL DEATH COVERAGE PLUS $2,000 ACCIDENT MEDICAL EXPENSE FOR $2.50 PER DAY COVERS RENTER IN OR OUT OF THE CAR DURING ENTIRE RENTAL Budget

租金的算法

租金基本上有兩種算法：一種是時間里程合併計費的 Time and Mileage Rates,也就是基本費加上行駛距離的費用（以哩數計算）；另外一種是不限里程的 Unlimited Mileage 即費用固定，不因哩數多而增加費用。如果是長距離行駛，第二種算法對租車的人比較有利。不過基本費因車種不同，也有差別。此外還有租四天、租一星期的特別費及週末打折費（Weekend Economy）。

UNLIMITED FREE MILEAGE RATES

CARS	DAILY	4 DAY SPECIAL	WEEK	MONTH (3000 Free Mi)	WEEKEND FRI-MON (1 DAY Min)
ECONOMY Stick-No Air	$28.00	$100.00	$139.00	$ 489.00	$24.00 Per Day
ECONOMY Automatic-No Air	$33.00	$120.00	$149.00	$ 509.00	$26.00 Per Day
ECONOMY	$35.00	$125.00	$154.00	$ 519.00	$27.00 Per Day
COMPACT	$37.00	$135.00	$159.00	$ 539.00	$29.00 Per Day
INTERMEDIATE	$40.00	$145.00	$184.00	$ 589.00	$30.00 Per Day
FULL SIZE	$45.00	$160.00	$204.00	$ 629.00	$33.00 Per Day
PREMIUM	$50.00	$180.00	$224.00	$ 679.00	$38.00 Per Day
WAGON 6-Passenger	$50.00	$180.00	$224.00	$ 699.00	$38.00 Per Day
WAGON 9-Passenger	$55.00	$200.00	$249.00	$ 849.00	N/A
LUXURY	$65.00	N/A	$359.00	$1249.00	$50.00 Per Day
SUPREME	$80.00	N/A	$449.00	$1549.00	$65.00 Per Day

加油

汽油的單位是加崙（gallon），1加崙約3.8公升。種類有3種,以普通油（Regular）最便宜，高辛烷石油（Premium）次之，無鉛汽油（Unleaded）最貴。你在開車途中，如果汽油不夠，就可能需要向人問加油站在那裏。普通加油站都有人幫忙加油，另外也有自助式的加油站；自己投入錢幣，自己加油，這種方式比較便宜。

（注意開車）

　　在外國開車首先要注意你去的那個國家是靠左行駛，或靠右行駛。
有的國家靠右，如我國、美國；有的則靠左，如日本、英國。另外在高
速公路上開車要注意速度限制，不可超速，如果違規，可能被處以鉅額
的罰金。至於一般的交通規則和號誌，各國都差不多，如果需要詳細的
資料，可以向當地的汽車協會洽詢。

☞　**公路上標誌的縮寫**

Ave.＝Avenue　大街

B1.＝Blvd.＝Boulevard　大馬路

Br.＝Bridge　橋

Dr.＝Drive　駕駛

E.＝East　東方

Hr.＝Hour　小時

I＝Interstate Highway　州際公路

Jct.＝Junction　交叉點

Ln.＝Lane　車道

Mi.＝Minute　分

Ml.＝Mile　哩

Mus.＝Museum　博物館

N＝No.＝North　北方

Pk.＝Park　公園

Pkwy.＝Parkway　公園道路

Rd.＝Road　路

S＝So.＝South　南方

St.＝Street　街

Twp.＝Township　城鎮

U＝Univ.＝University　大學

W＝West　西方

Xing.＝Crossing　人行道

● 交通標誌

停車

禁止超車

禁止左轉

限速 55 哩

單行道

禁止進入

紅燈時禁止轉彎

讓路

被巡邏車攔截時

在行駛中，如果被巡邏車攔住，要立刻停車，坐在駕駛座上等警察走來。走出車子是不好的，尤其是隨便將手伸入口袋，或是打開抽屜，都可能被誤會成要掏手槍，總之應該聽候指示行動。

收到罰單時

收到罰單(Ticket)時，要將罰款用支票寄到指定的地方。如果車子是租來的，在還車時，可將罰單交給租車公司，請他們幫忙辦理手續。但如果收到警告(Warning Ticket)，可以不繳罰款。

汽車故障時

如果車子開到中途發生故障，應該先把車子停在路邊，然後打電話叫修車廠或租車公司的人來修理，或把車拖走。如果是在高速公路上，則可以叫公路警察。而附近如果有加油站，也可以請人看一下。另外，在美國可以叫美國汽車協會(American Automobile Association)派人來修理。該協會又叫 Three A 或 Triple A，服務項目包括汽車故障時的緊急修護、汽車保險及為駕駛人服務等。

Ⅳ租車旅遊實用字彙

rent-a-car office〔'rɛnt ə ,kɑr ,ɔfɪs〕*n.* 租車公司

rent〔rɛnt〕*v.* 租　（ ↔ return〔rɪ'tɝn〕*v.* 還 ）

insurance〔ɪn'ʃʊrəns〕*n.* 保險

coverage〔'kʌvərɪdʒ〕*n.* 保險範圍　full coverage 全額保險

major credit card〔'medʒɚ 'krɛdɪt ,kɑrd〕*n.* 國際信用卡

time and mileage rates〔'taɪm ən 'maɪlɪdʒ 'rets〕*n.*

　時間里程合計租費

unlimited milage〔ʌn'lɪmɪtɪd 'maɪlɪdʒ〕*n.* 不限里程

rates per day〔'rets pɚ de〕*n.* 每天的租金

~~~~~~~~~~~~~~~~~~~~~~~~~~~~

highway〔'haɪ,we〕*n.* 公路

superhighway〔'supɚ'haɪ,we〕*n.* 高速公路（ = expressway ）

freeway〔'fri,we〕*n.* 不收費高速公路

toll road〔'tol ,rod〕*n.* 付費公路

parking lot〔'pɑrkɪŋ ,lɑt〕*n.* 停車場

telephone booth〔'tɛlə,fon buθ〕*n.* 公共電話亭

drive-in〔'draɪv ,ɪn〕*n.* 免下車（可開車進入的）餐廳〔電影院等〕

motel〔mo'tɛl〕*n.* 汽車旅館

~~~~~~~~~~~~~~~~~~~~~~~~~~~~

gas station〔'gæs ,steʃən〕*n.* 加油站

gasoline〔'gæsəlɪn〕*n.* 汽油

fill up 加滿　　gallon〔'gælən〕*n.* 加崙

regular gasoline〔'rɛgjəlɚ ,gæsəlɪn〕*n.* 普通汽油

premium gasoline〔'primɪəm ,gæsəlɪn〕*n.* 高級汽油（高辛烷石油）

unleaded gasoline〔ʌn'lɛdɪd ,gæsəlɪn〕*n.* 無鉛汽油

7. 在博物舘、動物園及遊樂場

At the Museum, Zoo & Amusement Park

Ⅰ 在博物舘、動物園及遊樂場實用語句

| 買票 |

1. Where can I buy an admission ticket? 我要在那裏買入場券?
2. Is admission free? 免費入場嗎?
3. Do I have to buy another ticket for the gallery?
   到美術館還要再買票嗎?
4. Could I have an all-day pass, please?
   請給我一張全天的遊覽證好嗎?
5. Is riding the tram included in the admission fee?
   坐電車包括在入場費裏嗎?

| 在博物舘 |

1. Do I have to leave all my things in the cloakroom?
   我要把所有的東西留在寄物處嗎?
   * cloakroom〔'klok,rum, -rʊm〕*n.*（衣帽、行李）寄存處
2. Where is the Picasso exhibition?
   畢卡索的展覽在那裏?
3. Can I buy some postcards of the exhibits?
   我可以買一些展覽的明信片嗎?
4. Do you have a recorded guide in Chinese?
   你們有中文的導遊錄音帶嗎?

在動物園及遊樂場

1. Is there any special attraction in this | zoo?
   | amuzement park?

   這個 | 動物園 | 裏有什麼特別好玩的地方？
   | 遊樂場

2. Where is the "Haunted House"? 鬼屋在那裏？
   * haunted〔'hɔntɪd, 'hɑn-〕*adj.* 鬼魂出沒的

3. Is this the end of the line for the "skywalk"?
   這是排太空漫步的隊伍後面嗎？

4. What time will the show start?
   表演什麼時候開始？

II 在博物館、動物園及遊樂場實況會話(1)

At the Museum

在 博 物 館

（ A＝Attendant 職員，T＝Tourist 觀光客 ）

A： Excuse me. You will not be permitted to take pictures inside the museum.

對不起，禁止在博物館裏照相。

T： Is that right？ Must I check this camera at the door？

是那樣嗎？我要在門口寄存這架照相機嗎？

A： No, you may keep it with you.

不必，你可以隨身帶著。

T： I understand. 我知道了。

A： If you want pictures, there are some available at the bookstore. 如果你要照片，可以在書店買到一些。

T： By the way, do I have to buy another ticket for the De Young Museum?

對了，到德揚博物館要再買一張票嗎？

A： No. The one-fifty ticket you already bought is good for one day at the Asian Art Museum, and at the De Young Museum in Golden Gate Park.

不，你已經買的一元五角的票，在一天之內有效，可以到亞洲美術館和金門公園的德揚博物館。

T： Good. Thank you very much. 好，謝謝你。

A： You're welcome. 不客氣。

* attendant〔əˈtɛndənt〕*n.* 職員　　permit〔pɚˈmɪt〕*v.* 許可

You will not be permitted to～ 禁止～

take pictures 照相　　check〔tʃɛk〕*v.* 寄存

available〔əˈveləbl̩〕*adj.* 可得到的

bookstore〔ˈbʊk͵stɔr〕*n.* 書店(此指博物館中的)

good〔gʊd〕*adj.* 有效的

De Young Museum 和 Asian Art Museum 都在舊金山。

Ⅱ 在博物舘、動物園及遊樂場實況會話(2)
At the Zoo
在 動 物 園

(T = Tourist 觀光客，S = Security Officer 警衞)

T : Where can I buy an admission ticket?

我要在那裏買入場劵?

S : The ticket booth is through the gate over there on your
right. 票亭在門過去那裏，在你右邊。

T : Thank you. By the way, is there any special attraction in
this zoo?

謝謝。對了，這個動物園裏有沒有什麼特別好玩的地方?

S : Well, let's see, there's the elephant ride.

嗯，讓我想想，有騎大象。

T : Sounds interesting. Is the ride included in the cost of
admission? 好像很有意思。騎大象包括在入場費裏嗎?

S : No, it's not. There's an additional one dollar for the
ride. 哦，不包括。騎大象另外要加一元。

T： I see. Thank you for the information.

哦，謝謝你的指點。

S： You're welcome. And have fun!

不客氣，祝你玩得愉快！

* admission ticket *n.* 入場券　　security officer *n.* 警衞
ticket booth *n.* 票亭
attraction 〔ə'trækʃən〕 *n.* 吸引人的事物
additional 〔ə'dɪʃənḷ〕 *adj.* 另外的；附加的

II 在博物舘、動物園及遊樂場實況會話(3)

At the Amusement Park

在 遊 樂 場

（ To ＝ Tourist 觀光客 , Ti ＝ Ticket Taker 收票員）

To： How many tickets does it take to ride the roller coaster？

坐雲霄飛車要幾張票？

Ti： Five. 五張

To： But most other rides cost only three tickets.

但是其他的大都只要三張票。

Ti： Well, the roller coaster is the biggest and busiest ride
we have. Try it. I think you'll like it.

嗯，雲霄飛車是我們最大而且最多人坐的項目。試試看，我想
你會喜歡的。

To： Okay. 好。

Ⅲ 在博物舘、動物園及遊樂場實況簡介

出國旅遊除了觀賞天然奇景及名勝古跡外，可以把博物館和遊樂場列爲必去的項目。一則可以充實自己的文化視野；一則可以舒暢身心，純享樂趣。

(在博物館)

在你去博物館之前，最好先問清楚開放時間和入場費。大部分的博物館都要收費；有的博物館雖不收費，但卻希望你捐贈。另外在進館之前，要注意館內的規定。有的要求不能觸摸，有的則不能照相。你如果想有館內收藏的圖片，可以在裏面的藝品店買到。此外有的博物館爲了保留過去的文物及生活風貌，會設有特別的文化村或博物館，有興趣的話，不妨留意一下。

(在遊樂場及動物園)

國內的動物園、兒童樂園基本上都界定在兒童的標準，但外國並不然。像狄斯耐樂園，就是老少咸宜。至於許多野生動物園或國家公園更有許多奇異的鳥獸及獨特的景觀。一般來說遊樂場較近市區，你可以買通用券在那裏盡情玩上一天，但國家公園可能另成一區，而且佔地很廣，需要特別安排好遊覽時的交通工具及停留的時間。此外有的國家公園還提供導遊、住宿地點，及各種展覽與季節性的活動，你在去之前最好把有關資料都收集一下。

☞ 遊樂場裏的項目

Roller Coaster 雲霄飛車　　　Ferris Wheel 摩天輪
Merry-go-round 旋轉木馬　　Coffee-cup 咖啡杯

Astro Jet　太空飛機　　　Revolving Rocket　迴旋火箭
Mini‐train　迷你火車　　　Lift　吊纜車
Pirate Ship　海盜船　　　　Skill Game　彈子遊戲
Water Shoot　滑行跳水　　　Wonderland　漫遊奇境

Ⅳ在博物舘、動物園及遊樂場實用字彙

admission〔əd'mɪʃən〕n. 入場費（=admission fee）

admission ticket〔əd'mɪʃən ,tɪkɪt〕n. 入場券；門票

ticket booth〔'tɪkɪt ,buθ〕n. 票亭；售票處

cloakroom〔'klok,rum,‐,rʊm〕n. 寄物處

check〔tʃɛk〕v. 寄存

information〔,ɪnfɚ'meʃən〕n. 詢問處

lost and found〔'lɔst ən 'faʊnd〕n. 失物招領處

lost children〔'lɔst 'tʃɪldrən〕n. 小孩認領處

first aid〔'fɝst 'ed〕n. 急救處

money exchange〔'mʌnɪ ɪk,stʃendʒ〕n. 換錢處

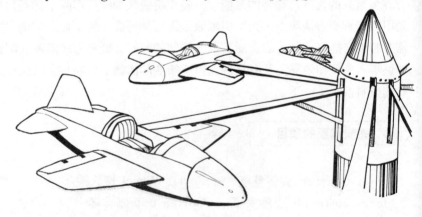

Chapter 4

Shopping 買東西

1. 詢問購物消息

Asking for Shopping Information

I 詢問購物消息實用語句

1. What are the unique products of this country?
   這個國家有什麼特產?

2. What specialities from Switzerland should I take home
   with me? 瑞士有那些我應該帶回去的特產?

   * speciality〔͵spɛʃɪˈælətɪ〕n. 名產;特製品

3. Is there a

   | shopping center |
   | souvenir store |
   | toy shop |

   around here?

   這附近有沒有

   | 購物中心? |
   | 紀念品店? |
   | 玩具店? |

4. Can you suggest any good places for shopping?
   你可以提供我買東西的好地方嗎?

5. I want to buy some souvenirs for my friends in Taiwan.
   我想買一些紀念品給我在台灣的朋友。

6. Where is a best jewelry store?
   那裏有最好的珠寶店?

7. Is there a cigarette machine near here?
   這附近有香煙的自動販賣機嗎?

8. Where can I get some wine? 我在那裏可以買到一些酒?

9. How do I get there? 我怎麼去那裏?

II 詢問購物消息實況會話

Asking for Shopping Information

詢　問　購　物　消　息

（ **T** = **Tourist** 觀光客 , **B** = **Bellboy** 服務生 ）

T : Pardon me? Can you suggest any good places for shopping?
對不起 , 你可以提供我買東西的好地方嗎 ?

B : Well, what kind of things do you want to buy?
嗯 , 你想買什麼樣的東西 ?

T : Well, I want to buy some souvenirs for my family and
friends. 嗯 , 我想買一些紀念品給我的家人和朋友 。

B : In that case, I suggest you go to Rodeo Drive. It has
lots of good shops.
這樣的話 , 我建議你到洛迪奧街 , 那裏有很多好商店 。

T : Sounds good. How do I get there?
似乎不錯 , 我怎麼到那裏 ?

B : You should take a cab. It's only about a ten-minute ride.
你應該搭計程車 , 只要十分鐘就到 。

T : Is it near Wilshire Boulevard in Beverly Hills?
那是靠近比佛利山的威爾夏大道嗎 ?

B : That's right.
對 。

T : I'll go there today.

我今天去。

B : I think that's a good idea. Also the restaurants there are really good.

我想這是個好主意，還有那裏的餐館也很好。

T : Well, thank you for the information. 'Bye.

那麼，謝謝你的指點，再見。

B : 'Bye. 再見。

* ***Pardon me*** ? 對不起。（用來向人請問問題）

souvenir 〔͵suvə'nɪr, 'suvə͵nɪr 〕 *n.* 紀念品

Rodeo Drive *n.* 洛迪奧街（比佛利山的高級專門店街）

boulevard 〔'bulə͵vɑrd 〕 *n.* 林蔭大道；〔美〕大馬路

Ⅲ詢問購物消息實況簡介

購物地點

　　一般人出國，總是把購物列為觀光之外的第一優先，但是如果花太多時間去買東西，就寶貴的旅遊時間來說，是很划不來的。因此在上街購物之前，最好先想好自己要買什麼，再向人請教。基本上煙、酒在免稅商店買比較便宜，只要出示登機證，就可買到，其他東西則可先上百貨公司去看，但是如果碰到市街上的百貨店在打折，不妨也留意一下，也許可以買到物美價廉的東西。

由導遊帶到某家商店時

　　如果你參加旅行團，由導遊帶隊到某家商店買東西時，你要特別注意該商店的貨品。因為在這個情況下，導遊多半會從中收回扣，所以儘管你可能看到樣子不錯，價錢也還公道的東西，但那些東西卻很可能是三流貨或已經退流行的東西，所以不要貿然就買。

Ⅳ詢問購物消息實用字彙

department store〔dɪˈpartmənt ˌstɔr〕*n.* 百貨公司；百貨店
shopping center〔ˈʃɑpɪŋ ˌsɛntɚ〕*n.* 購物中心
flea market〔ˈfli ˌmarkɪt〕*n.* 廉價市場；地攤（flea 跳蚤）
supermarket〔ˈsupɚˌmarkɪt〕*n.* 超級市場

~~~~~~~~~~~~~~~~~~~~~~~~~~~~~~~~

dress shop〔ˈdrɛs ˌʃɑp〕*n.* 女裝店
tailor shop〔ˈtelɚ ˌʃɑp〕*n.* 男裝店
shoe shop〔ˈʃu ˌʃɑp〕*n.* 鞋店
sports shop〔ˈspɔrts ˌʃɑp〕*n.* 運動用品店

gift shop〔'gɪft ˌʃɑp〕*n.* 禮品店

curios shop〔'kjʊrɪ ˌoz ʃɑp〕*n.* 古董店

jewelry store ; jeweller〔'dʒuəlrɪ ˌstɔr; 'dʒuələˑ〕*n.* 珠寶店

watchmaker〔'wɑtʃˌmekəˑ〕*n.* 鐘錶店

electric appliance shop〔ɪ'lɛktrɪk ə'plaɪəns ˌʃɑp〕*n.* 電器行

camera shop ; studio〔'kæmərə ˌʃɑp; 'stjudɪˌo〕*n.* 照相館

toy shop〔'tɔɪ ˌʃɑp〕*n.* 玩具店

tobacconist〔tə'bækənɪst〕*n.* 煙店

musical instrument shop〔'mjuzɪkl̩ 'ɪnstrəmənt ˌʃɑp〕*n.*
樂器行

book store〔'bʊk ˌstɔr〕*n.* 書店

stationery store〔'steʃənˌɛrɪ stɔr〕*n.* 文具店

furniture shop〔'fɜnɪtʃəˑ ˌʃɑp〕*n.* 傢俱店

drugstore〔'drʌgˌstɔr, -stor〕*n.* 藥房（兼賣雜貨）

bakery〔'bekərɪ〕*n.* 麵包店

florist shop〔'flɔrɪst ˌʃɑp〕*n.* 花店

2. 買衣物
Buying Clothing

I 買衣物實用語句

在百貨公司詢問購物地點

1. Where is the | ladies' wear | department?
              | men's goods |

   | 女裝 | 部在那裏?
   | 男用品 |

2. | Which | floor is the | shoe | department on?
   | What | | souvenir |

   | 皮鞋 | 部在那一樓?
   | 紀念品 |

3. I want a new battery for my watch. Which floor should
   I go to? 我的錶要一個新的電池，我該上那一樓?

看東西

1. I'm just looking (around). 我只是看看。

2. After I have looked around, I'll ask for you. 我先看看再麻煩你。

3. I want to | see | some | ties. | 我想 | 看 | 一些 | 領帶。
            | buy | | sports wear. | | 買 | | 運動衫。
            | get | | handbags. | | | | 手提包。

4. I

| am looking for |
| should like to see |
| want to buy |

souvenirs at

| reasonable prices. |
| about ten dollars. |

我

| 在找 |
| 想看看 |
| 想買 |

| 價錢合理 |
| 十塊錢左右 |

的紀念品。

5. I'm looking for

| something |
| belts |

| to |
| that will |

| match |
| go with |

these

checkered trousers.　我在找能配這些格子褲的

| 東西。 |
| 皮帶。 |

6. Please show me

| that. |
| the one in the window. |
| the one to the right of the red one. |
| the light yellow one, the third from the |
| left on the upper shelf. |

請給我看

| 那個。 |
| 橱窗裏面的。 |
| 紅色右邊的那個。 |
| 那個淡黃色的，在上面架子，左邊數第三個。 |

7. That's it.　那就是。

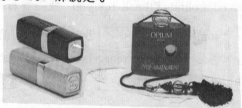

8.

May I see
Can I have
Will you show me

the things in the case？

我可以看看
你讓我看看

盒子裏面的東西嗎？

9. Which do you recommend？ 你建議那一個？

問價錢

1. How much

is this？
are these？
does it cost？
in all？

這
這些
總共

多少錢？

2. What's the price？ 多少錢？

3. I can't find the price tag. 我找不到標籤。

4. Which is cheaper, this or that？
   那個比較便宜？這個還是那個？

5. I want this and this, how much in all？
   我要這個和那個，總共多少錢？

6.

Is this
Can I get it

tax free？ 這免稅嗎？

表示合不合意

1. It's too

big / large ↔ small.
heavy ↔ light.
loud ↔ soft.
expensive.

這太

大 ↔ 小
重 ↔ 輕
鮮豔 ↔ 素
貴

了。

2. It looks fine, but I don't like the color.
   看起來很好，但我不喜歡這個顏色。

問有沒有別的種類、尺寸、顏色、樣式
---

1. Do you have any other

| kinds / types? |
| sizes / colors? |
| styles / patterns? |
| designs / models? |

你們有沒有別的

| 種類 / 樣式? |
| 大小 / 顏色? |
| 款式 / 花樣? |
| 圖樣 / 型? |

* any other 可用 another 代替，後面的名詞改成單數。

2. Do you have

| something |
| anything |

| bigger? |
| heavier? |
| more colorful / louder? |
| in pink? |

你們有沒有

| 大一點的? |
| 重一點的? |
| 鮮艷一點的? |
| 粉紅色的? |

3. Do you have

| smaller |
| lighter |
| softer |
| cheaper |

ones? 你們有沒有

| 小 |
| 輕 |
| 素 |
| 便宜 |

一點的?

* smaller ones 可用 a smaller one 代替，餘皆類推。

4. Do you have | another / a red one / a cheaper one | of the same kind? / in the same style? / with this model?

你們有沒有 | 別的 / 紅色的 / 便宜一點的 | 同一種的? / 同樣款式的? / 這一型的?

5. Do you have | (the same thing in) a bigger size? / this size in any other styles?

你們有沒有 | （同樣東西）大一點的? / 這種尺寸的其他款式?

詢問有關貨品本身的事項 —— 問材料、製法

1. What is this made of? 這是什麼做的?

2. What is the material of this | shirt? / handbag?

這 | 襯衫 / 皮包 | 是什麼料子?

3. Is this made of | plastic? / silk?   這是 | 塑膠做的 / 絲織品 | 嗎?

4. Is this material | pure wool? / genuine leather?   這質料是 | 純毛 / 眞皮 | 嗎?

5. What kind of leather is that pair of gloves made of?
   那副手套是什麼皮做的?

6. Is this machine - made or hand - made?
   這是機器做的還是手工?

問用途

1. What is this used for? 這用來做什麼?
2. How do I use this? 這東西怎麼用?

問商標、產地

1. Is this make famous? 這是名牌嗎?

2. Is this

| imported? |
| domestic? |
| genuine? |
| an imitation? |

這是

| 進口的 |
| 國產 |
| 眞品 |
| 仿造的 |

嗎?

3. Which country is this made in? 這是那一國的產品?
4. Is this made in France? 這是法國貨嗎?
5. Do you have imported brands? 你們有沒有進口的牌子?

問耐用度、保證書

1. How do these goods keep? 這東西保用多久?
2. Is this durable? 這耐用嗎?
3. Which is more durable? 那個比較耐用?
4. Is this with guarantee? 這有保證書嗎?
5. Can I have a guarantee? 我可以要保證書嗎?

決定購買

1. I'll take

| it. |
| the one. |
| the red one. |

我要

| 它。 |
| 這個。 |
| 紅色的。 |

2. Two of the one on the left side of that, please.
   請給我那左邊的兩個。

3. The same one as his, please. 請給我和他一樣的。

4. I'll take one more. 我還要一個。

5. Do you have two more like this?
   你們有沒有多兩個這樣的？

6. This will do. 這就可以了。

請店員包裝

1. Wrap it, please. 請包起來。

2. Please 〔wrap / pack〕 it as a gift. 請當禮物包起來。

3. Will you gift-wrap it, please? 請把它包裝成禮盒好嗎？

4. Please wrap each separately. 請分開包。

5. Please put those in a big paper bag.
   請把那些放進一個大紙袋。

6. Please package it carefully so that it will not be damaged.
   請好好包，以免損害。

7. One is missing. I bought five in all.
   少了一個，我總共買五個。

請求寄送

1. Can you mail this for me? 能寄給我嗎？

2. Can you deliver them to our hotel?
   可以送到我們住的旅館嗎？

3. Will you deliver this to room 305 of the Hilton Hotel?
   請你們把這送到希爾頓飯店305室好嗎？

4. My stay here is till tomorrow noon.

　我在這裏待到明天中午。

5. Do you have an overseas shipment service?

　你們有寄到海外的服務嗎?

6. Please send this by air mail to | Taiwan.
　　　　　　　　　　　　　　　 | this address.

　請用航空寄到 | 台灣。
　　　　　　　 | 這個住址。

7. How long does it take by sea ? 用海運要多久?

8. When can I expect to have it? 我什麼時候可以拿到?

預訂

1. Can you | keep | it for me till tomorrow?
　　　　　 | hold |

　你可以保留到明天嗎?

2. Please keep it for me. 請幫我保留。

付款・找錢

1. How much will it all come to? 總共多少錢?

2. Where is the cash desk? 收銀枱在那裏?

3. Can I pay with a traveler's check? 我可以用旅行支票付嗎?

4. How much is the rate of exchange at this store ?

　這店裏的滙率多少?

5. Where can I change money? 我要在那裏換錢?

6. Do you sell on installment plan? 你們有分期付款嗎?

7. Must I pay in | full? | 我得 | 付清 | 嗎?
   | advance? | | 先付訂金

8. I think the accounts may be wrong. 我想帳可能算錯了。

9. May I have a detailed account? 可以給我一張清單嗎?

10. Please give me the change in small change.
    請找給我小額的零錢。

11. You have not given me the right change.
    你沒找對錢。

12. I don't have the change yet. 我還沒有找錢。

13. Please give me the receipt. 請給我收據。

14. I'll pay C.O.D. 我要貨到付款。

   * C.O.D. = cash on delivery

抱怨收到不好的貨物

1. This is | stained. | 這 | 弄髒 | 了。
   | damaged. | | 破損

2. This is inferior in quality. 這品質不好。

3. It does not work properly. 這故障了。

4. This is not what I | ordered | yesterday.
   | payed for

   這不是我昨天 | 訂的。
   | 付了錢的。

請求退換貨品

1. It's the wrong size. 這尺寸錯了。

2. I want to return this. 我想退還這個東西。

3. I am not satisfied with this. Will you change this for something else? 我對這東西不滿意，你可以換別的嗎？

4. I bought this | a moment ago, | but can I | change | this for yesterday, | | return

that?
another?

我 | 剛剛 | 買了這個東西，但我可以 | 拿這個 | 換 | 那個 | 嗎？
昨天 | | | 退掉這個 | | 別的

5. Is that possible? 可以（退）嗎？

6. I haven't used it at all, as you can see.
我都沒有用，你可以看得出來。

7. I'd like my money back. 我要退錢。

8. Will you give me a refund? 你可以退錢給我嗎？

9. Can I speak to the manager? 我可以跟經理講話嗎？

10. I wish to see someone in charge of this section.
我想見這部門的主管。

買衣服的專門用語 —— 確定尺寸・量身

1. My waistline is twenty-five inches. 我的腰圍是二十五吋。

2. I think I am a three or four. 我想我是三號或四號。

3. I wonder which size would fit me best.
我不曉得那種尺寸最合身。

＊ 店員的話 ＊

1. Shall I measure you? 我替你量身好嗎？

2. Let me take your measurements. 讓我替你量身。

試穿

1. May I try this on? 我可以試穿這件嗎？
2. I'd like to try on that dress. 我想試穿那件衣服。

表示適不適合

1. This doesn't fit quite right. 這不大合身。

2. It does not | fit / suit | me. 那不 | 合身。/ 適合我。|

    * fit 指合不合身，suit 可指款式。

3. This is (a little) too | large / small / long / short | for me.

    這對我來說（有點）太 | 大 / 小 / 長 / 短 | 了。

4. The arms are too short. 袖子太短了。

5. It's a little | loose / tight | around the waist. / in the armpits.

    | 腰部 / 腋下 | 鬆 / 緊 | 了一點。

    * armpit〔'arm,pɪt〕*n*. 腋下

6. Looks a little short at the cuff. 似乎袖口短了一點。

    * cuff〔kʌf〕*n*. 袖口；西裝褲腳反摺的部分

7. I'm afraid it's too | loud ↔ soft.
old-fashioned ↔ modern / trendy. |

恐怕太 | 鮮豔↔素
老式↔時髦 | 了。

8. Do you have any other | styles?
patterns? | 你們有沒有別的 | 款式?
花樣? |

9. This fits me very well. 這非常合身。

問會不會縮水

1. Will this shrink? 這會縮水嗎?

2. Will this shrink any when washed? 這洗了會不會縮水?

3. Is this guaranteed not to shrink when washed?
   這保證洗了不會縮水嗎?

買鞋子專門用語

1. I'd like some leather shoes. 我想買一些皮鞋。

2. Which shoes are included in the sale? 那些鞋子特價?

3. I | am not sure of
   don't know | my American size.

   我不 | 確定
   知道 | 美國的尺寸。

4. Can I have some white tennis shoes?
   我可以看看白色的網球鞋嗎?

5. Are these shoes leather? 這些鞋子是皮做的嗎?

II買衣物實況會話(1)

Buying Clothes

買 衣 服

（ T = Tourist 觀光客 ， S = Salesclerk 店員 ）

T ： Excuse me, where's the women's wear department?
對不起，請問女裝部在那裏？

S1 ： It's on this floor, and it's just over there.
在這樓，就在那邊。

T ： Thank you. 謝謝。

S1 ： You're welcome. 不客氣。

S2 ： Can I help you, ma'am? 夫人，我能效勞嗎？

T ： Yes, I want to buy a skirt. 好，我想買條裙子。

S2 ： What color did you have in mind?
你想要什麼顏色？

T ： Khaki green. 卡其綠。

S2 ： Here are some khaki green skirts. What size are you?
這裏有一些卡其綠的裙子，你穿幾號？

T ： I think I'm a three or a four.
我想是三號或四號。

S2 ： Let's see. Yes, here's a size four. Would you like to try
it on? 讓我看看。對了，這裏有四號，你要試穿嗎？

T ： Yes, please. 好。

S₂ : Follow me, and I'll take you to the fitting room.

跟我來，我帶你到試衣間。

T : This is a little too big. Do you have something smaller？

這大了一點，你們有比較小的嗎？

S₂ : Sure. 當然有。

T : Do you have this size in any other styles？

你們這種尺碼有其他的款式嗎？

S₂ : Yes. How about this flared skirt？

有。這件寬裙子如何？

T : How much is it？ 多少錢？

S₂ : Sixty dollars and eighty cents.

六十元八角。

T : O.K. I'll try it on.

好，我來試穿。

T : Yes, this fits very well. I'll take it.

是了，這很合身，我要了。

S₂ : Fine, ma'am. This way, please.

好，夫人，這邊請。

---

* women's wear *n.* 女裝 (= ladies' wear)

khaki 〔ˈkɑkɪ〕*adj.* 卡其色的；土黃色的　*n.* 卡其色〔布料〕

Let's see. 讓我看看 (店員在找合尺寸的裙子)

fitting 〔ˈfɪtɪŋ〕*n.* 試穿；試衣　〜room　試衣間

try on 試穿　　　style 〔staɪl〕*n.* 款式

flare 〔flɛr〕*v.* (裙子等) 向外展開　　flared skirt *n.* 下擺很寬的裙子

II 買衣物實況會話(2)
Buying Shoes
買　鞋

（ **S** = **Sales clerk** 店員 , **T** = **Tourist** 觀光客 ）

S : Can I help you, sir ?　我能效勞嗎？先生？

T : I'd like some leather shoes , please.　我想買些皮鞋。

S : Any particular color ?　要什麼特定的顏色嗎？

T : Black.　黑色。

S : O.K. What's your size?　好，你的尺寸多少？

T : I don't know American sizes.　我不知道美國的尺寸。

S : No problem. Put your foot here. Yes, you're a six. Just
a moment, please.
沒問題。把你的脚放在這裏，對，你是 6 號。請等一下。

S : Here you are. These are very comfortable. Try these on.
來了，這些鞋子穿起來很舒服，試試看。

T : Yes, they're very nice, but I want slip-ons.
不錯，是很好，但我要容易穿脫的。

S : How about these? They don't have laces, Try them.
這些呢？這些沒有帶子，試穿一下。

T : Fine. I'll take these.　好，我要這些。

* leather shoes *n.* 皮鞋
  Any particular color?　要什麼特定的顏色嗎？
  Try these on.　把這些（鞋子）試穿看看。
  slip-ons〔'slɪp,ɑnz〕*n.* 便鞋；套頭毛衣　*adj.* 便於穿脫的
  lace〔les〕*n.* （鞋子的）帶子

Ⅲ買衣物實況簡介

看東西

當你在看東西或瀏覽橱窗（window shopping）時，店員可能會過來問：" What can I do for you？"，這時如果你只是逛逛而已，就自然地對她說：" I am just looking around. "，不要慌慌張張地，以免讓人懷疑。

附保證書時

所買的東西如果附有保證書（guarantee, warranty）時，應該當場就看一遍，若有看不懂的地方，可請教店員。因爲保證書就等於是廠商和用戶之間的契約，所以應該弄清楚其中的內容。

付錢

在國外買東西付錢，方式可能有兩種，一種是跟國內一樣直接付錢給對方，對方就直接把寫有品名、價錢、數量的發票連貨品一起給你；另一種是先到收銀枱（Cashier）付款，拿到收據後，再回到售貨櫃枱出示單據，店員才把東西包裝給你；歐美許多商店就採用這種比較麻煩的付費方式。此外如果你是第一次到歐美買東西，在算錢時你會發現他們的心算能力很差，所以找錢方式也不同。譬如假定你用100元買了73元的東西，他們也許不會像我們一樣直接用100去減73，而會幾個十元，幾個五元，幾個一元地把數目湊到73，再往上加到100,然後才把最後算好的27給你，所以你得耐著性子等一下。

要保留收據

儘管買東西的時候精挑細選，但還是有可能不小心買回有瑕疵的貨品，這時如果保有收據，就比較方便拿去退換。另外就是訂了貨後，如果遲遲未收到貨品，或**收**到了不合意的東西，就可以催他送來，或拿去換。

　　與店員交涉的時候，語氣要婉轉，態度要堅定，如果不能退錢，可以改買等值的其他東西，但如果無法達成協議，不妨要求和經理談，畢竟忍氣吞聲，吃虧的還是自己。

〔買衣服要試穿〕

　　買衣服用目測、用比的方法，經常不準，而且知道自己的尺寸固然很好，但是外國的尺寸和我國不盡相同，所以如果時間允許的話，最好還是試穿一下。即使是買拍賣品，也不妨問一聲 " Can I try it on? "（我可以試穿嗎？）。

Ⅳ 買衣物實用字彙

dress〔drɛs〕*n.* 洋裝

shirt〔ʃɜt〕*n.*（男）襯衫

skirt〔skɜt〕*n.* 裙子

jacket〔'dʒækɪt〕*n.* 夾克；短外衣

overcoat〔'ovɚ,kot〕*n.* 大衣

sweater〔'swɛtɚ〕*n.* 毛衣

suit〔sut,sjut〕*n.* 西裝；套裝

trousers〔'traʊzɚz〕*n.* 褲子

∼∼∼∼∼∼∼∼∼∼∼∼∼∼∼∼∼∼∼∼∼

size〔saɪz〕*n.* 尺寸

S（＝small size）小號　　　　M（＝middle size）中號

L（＝large size）大號　　　　XL（＝extra large）特大號

chest ; bust 〔tʃɛst ; bʌst〕*n.* 胸圍
waist 〔west〕*n.* 腰圍
hip 〔hɪp〕*n.* 臀圍

~~~~~~~~~~~~~~~~~~~~~

style 〔staɪl〕*n.* 款式
color 〔'kʌlɚ〕*n.* 顏色
pattern 〔'pætɚn〕*n.* 花樣
material 〔mə'tɪrɪəl〕*n.* 布料
cotton 〔'kɑtn̩〕*n.* 棉
nylon 〔'naɪlɑn〕*n.* 尼龍
silk 〔sɪlk〕*n.* 絲
wool 〔wʊl〕*n.* 毛
leather 〔'lɛðɚ〕*n.* 皮

~~~~~~~~~~~~~~~~~~~~~

scarf 〔skɑrf〕*n.* 圍巾　　socks 〔sɑks〕*n.* 襪子
necktie 〔'nɛk,taɪ〕*n.* 領帶
cuff links 〔'kʌf ,lɪŋks〕*n.* 袖扣
glove 〔glʌv〕*n.* 手套　　necklace 〔'nɛklɪs〕*n.* 項鍊
brooch 〔brotʃ〕*n.* 胸針　　handbag 〔'hænd,bæg〕*n.* 手提包

~~~~~~~~~~~~~~~~~~~~~~~~~~~~~~~

leather shoes 〔'lɛðɚ ,ʃuz〕*n.* 皮鞋
high-heeled shoes 〔'haɪ ,hild ,ʃuz〕*n.* (女)高跟鞋
flats 〔flæts〕*n.* 低跟鞋
slip-on 〔'slɪp,ɑn〕*n.* 便鞋　　sandal 〔'sændl̩〕*n.* 涼鞋
sports shoe 〔'spɔrts ,ʃu〕*n.* 球鞋
riding boot 〔'raɪdɪŋ ,but〕*n.* 馬靴
try on 試穿

3. 買其他東西

Buying Other Things

I 買其他東西實用語句

買化粧品

1. Please show me some | cosmetics.　請給我看一些 | 化粧品。
　　　　　　　　　　　　perfume.　　　　　　　　　　香水。
　　　　　　　　　　　　lipstick.　　　　　　　　　　　口紅。

2. Please show me some facial cream for a | middle-aged
　　　　　　　　　　　　　　　　　　　　　　woman.
　　　　　　　　　　　　　　　　　　　　young lady.

　　　請給我看一些 | 中年女人 | 用的面霜。
　　　　　　　　　　年輕小姐

3. I want | a bottle of milky lotion.　我要 | 一瓶乳液。
　　　　　a box of face powder.　　　　　一盒面粉。
　　　　　a jar of facial cream.　　　　　一瓶面霜。
　　　　　a tube of lipstick.　　　　　　一支口紅。

4. Is this | milky | lotion　for dry skin or for oily skin?
　　　　　cream

　　這個 | 乳液 | 是給乾性皮膚用的還是給油性皮膚用的？
　　　　　油

5. Which cold cream is of the better quality of these two?
　　這兩種冷霜那一種品質好？

6. Which cream is good for the care of skin after sunburn?
   那種油對日晒後保養皮膚最好?

7. May I just have a scent of that? 我可以聞一聞嗎?

8. Do you have the one with a little | stronger | scent?
                                     | lighter |

   你們有香味更 | 強 | 一點的嗎?
               | 淡 |

9. I want a slightly more pinkish foundation.
   我要稍微紅一點的粉底。

10. I'll | take | two bottles.
         | get | one ounce of this.
                | three half-ounce bottles.

    我要 | 兩瓶。
        | 這種的一盎斯。
        | 三瓶半盎斯。

買手錶

1. Please show me some watches for | men.
                                   | women.
                                   | children.

   請給我看一些 | 男用 | 手錶。
              | 女用 |
              | 兒童用 |

2. Please show me some small size watches for ladies.
   請給我看一些小型的女用手錶。

3. Do you have automatic watches for about one hundred
   dollars? 你們有沒有大約一百塊的自動錶?

4. Do you have a | smaller / thinner | size？ 你們有 | 小 / 薄 | 一點的嗎？

5. Do you have one with | an alarm？ / a luminous dial？ |

你們有 | 附鬧鈴 / 附夜光錶面 | 的嗎？

* dial〔ˋdaɪəl〕*n*. 錶面

6. Does it have an alarm？ 它有鬧鈴嗎？

7. Is it | waterproof？ / antishock？ | 它 | 防水 / 防震 | 嗎？

8. Is a strap included？ 包括帶子嗎？

9. Is the center stone a diamond？ 中間這顆寶石是鑽石嗎？

10. Is this ring 18 carat gold？ 這一圈是 18 K 金嗎？

* carat〔ˋkærət〕*n*. 克拉（寶石的重量單位，等於 200 mg，略作 ct, kt）

11. The stem seems to be hard to move.

發條好像很難轉。

* stem〔stɛm〕*n*.（手錶的）發條轉鈕

買照相器材

1. I'd like to buy | an automatic camera. / a single-lens reflex camera. / a 8mm movie camera. |

我想買架 | 全自動照相機。 / 單眼反射相機。 / 八釐米攝影機。 |

2. Please show the brands and models you have.

請給我看你們有的各種廠牌和機型。

3. Which is the newest model？ 那一種是最新型的？

4. I want a roll of | color / black and white | film.

我要一卷 | 彩色 / 黑白 | 底片。

5. I'd like a roll of | Kodak / Fuji | color，36 exposures.

我想買一捲 36 張的 | 柯達 / 富士 | 彩色軟片。

6. One role of 24 exposures of 35 millimeter color film.
   請給我一捲24 張的 35 釐米彩色軟片。

7. Can you give me a roll of 36 slides, please？
   請給我一捲 36 張的幻燈片好嗎？

8. Something's wrong with the shutter． 快門有毛病。

9. My camera doesn't work． Can you check it？
   我的照相機故障了，你能看一下嗎？

10. I can't wind the film． 我不會捲底片。

11. Can you load this camera？
    你能把這架照相機裝上底片嗎？

買酒

1. One bottle of Napoleon and two bottles of Johnnie Walker Black Label，please．
   請拿一瓶拿破崙和兩瓶黑標的約翰走路。

2. I want to get a Scotch whiskey.
   我想買一瓶蘇格蘭威士忌。

3. Which is the best one？ 那一瓶最好？

4. Please select a bottle of best quality in white wine.

　　請選一瓶上好的白葡萄酒。

5. How many bottles are limited to carry into Switzerland?

　　瑞士限帶幾瓶入境？

6. Please wrap the three bottles together to carry.

　　請把這三瓶包在一起好提。

Ⅱ 買其他東西實況會話(1)

Buying Cosmetics

買 化 粧 品

（ C ＝ Clerk 職員 , T ＝ Tourist 觀光客 ）

C : What kind of perfume do you prefer? 你喜歡那種香水？

T : Please show me some for a middle-aged lady.
　　請讓我看一些給一個中年婦女用的香水。

C : How old is she？ 大概幾歲？

T : About thirty-five, I think. 我想，大概三十五。

C : Dior is popular with most ladies. Maybe she would like
　　that. 大部分女士都喜歡迪奧，也許她會喜歡那種。

T : May I just have a scent of that？…… I'll get one ounce
　　of this. And which is suitable for young ladies？
　　我可以聞一聞嗎？…… 我要這種一盎斯的。那種適合年輕女性？

C : How about Miss Dior？ 密斯迪奧如何？

T : I'll take two of half-ounce bottles. 我要兩瓶半盎斯的。

T : Which foundation do you think is good for me？
　　你想那種粉底適合我？

C : How about this one？ 這種如何？

T : That's fine. Thank you. Could you gift-wrap it, please？
　　那很好，謝謝。你可以包成禮盒嗎？

C : Sure. Here you go. 當然，這裏。

T : How much all together？
　　總共多少？

C : Fifty-five dollars. 五十五元。

T : Here you are. 給你。

C : Thank you. 謝謝。

* ***be popular with***～ 受～歡迎　　scent〔sɛnt〕*n.* 氣味；香味
foundation〔faʊnˈdeʃən〕*n.* 粉底
gift-wrap〔ˈgɪftˌræp〕*v.* 把物品包裝成禮盒

Ⅱ 買其他東西實況會話(2)
Buying Watches
買　錶

（T = Tourist 觀光客，C = Clerk 職員）

T : Please show me some watches for men.
請給我看一些男用手錶。

C : The watches in this case are for everyday wear and these are higher priced ones.
盒子裏面的錶是實用型的，這些是高級品。

T : Which is an automatic one for about one hundred dollars?
那個是一百塊左右的自動錶？

C : We can recommend this Omega.
我們可以推薦這個亞米茄錶。

T : Do you have a **thinner** one? 你們有薄一點的嗎？

C : Yes, this is an **automatic** one, too, and it is waterproof and antishock. 有，這也是個自動錶，而且防水、防震。

T : Does it have an alarm? 有鬧鈴嗎？

C : Yes, this is with **alarm** and date. 有，這有鬧鈴和日期。

T : It's convenient to have the date, but it isn't necessary to have days of week.

　有日期是很方便，但不需要有星期幾。

C : Please take your time looking.　請慢慢看。

T : Thanks.　謝謝。

* waterproof〔ˈwɔtɚˈpruf〕*adj.* 防水的
antishock〔ˌæntɪˈʃɑk〕*adj.* 防震的
alarm〔əˈlɑrm〕*n.* 鬧鐘　　***take one's time*** 慢慢來

Ⅱ 買其他東西實況會話(3)

Buying Photo Supplies
買　照　相　器　材

（ T = Tourist 觀光客 , C = Clerk 職員 ）

T : One role of 36 exposures of 35 millimeter color film, please.

　請給我一捲36張的35釐米彩色軟片。

C : Kodacolor or Agfa ?　柯達還是愛克發？

T : Kodacolor. Tri-X, please.　柯達，三X的。

C : For Tri-X we have only 20 exposures. We have 36 exposures of Agfa, sir.

　三X只有20張的，我們有36張的愛克發，先生。

T : All right. I'll take one role of 36 exposures of Agfa. Do you have flash bulbs for this ?

　好，我就買一捲36張的愛克發。你們有這個的閃光燈泡嗎？

C : Yes, we sell them by the half dozen. 有，我們半打半打賣。

T : O.K. One dozen flash bulbs, please. And one battery for the flash.

好，來一打閃光燈泡，和一個閃光燈的電池。

C : I'm sorry. We are all out of batteries now.

抱歉，我們現在電池都賣光了。

T : Oh, that's too bad. Then how much in all?

哦，太可惜了，那麼總共多少錢？

C : Twenty dollars. 二十元。

T : Here you are...something is wrong with the film. Will you examine it?

給你 ... 這底片有毛病，你看一下好嗎？

C : Here, Let me give you a new one.

這裏，給你一個新的。

T : Thanks. 謝謝。

---

* exposure 〔ɪkˈspoʒɚ〕 *n.* 曝光

   a roll film of* 20 *exposures 可照 20 張的膠捲

   negative 〔ˈnɛɡətɪv〕 *n.* 〔攝〕底片

   flash bulb　*n.* 閃光燈泡　　***out of*** 沒有

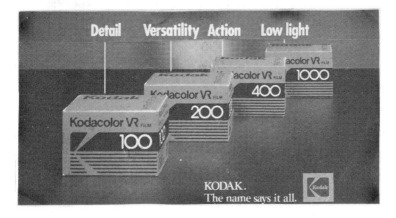

Ⅳ 買其他東西實用字彙

cleansing cream〔'klɛnzɪŋ ,krim〕*n*. 清潔霜

face cream 面霜　　cold cream 冷霜

lotion〔'loʃən〕*n*. 化粧水

milky lotion〔'mɪlkɪ 'loʃən〕*n*. 乳液

olive oil〔'alɪv ,ɔɪl〕*n*. 橄欖油

suntan oil〔'sʌn,tæn ,ɔɪl〕*n*. 防晒油

oily〔'ɔɪlɪ〕*adj*. 油性的 (↔ dry 乾性的)

combination〔,kambə'neʃən〕*n*. 綜合性的

foundation〔faʊn'deʃən〕*n*. 粉底

face powder〔'fes ,paʊdɚ〕*n*. 面粉

perfume〔'pɝfjum〕*n*. 香水

lipstick〔'lɪp,stɪk〕*n*. 口紅

eye shadow〔'aɪ ,ʃædo〕*n*. 眼影　　nose shadow 鼻影

camera〔'kæmərə〕*n*. 照相機

automatic camera〔,ɔtə'mætɪk 'kæmərə〕*n*. 自動相機

reflex camera〔rɪ'flɛks 'kæmərə〕*n*. 反射相機

lens〔lɛnz〕*n*. 鏡頭

single-lens 單眼 ↔ double-lens 双眼

single-lens reflex camera 單眼反射相機

8mm movie camera 8釐米攝影機

shutter〔'ʃʌtɚ〕*n*. 快門

flash〔flæʃ〕*n*. 閃光燈 (=flash light)

reflector〔rɪ'flɛktɚ〕*n*. 反射鏡

tripod〔'traɪpad〕*n*. 三脚架

roll〔rol〕*n*. 捲
negative〔'nεgətɪv〕*n*. 底片
exposure〔ɪk'spoʒɚ〕*n*. 曝光
film〔fɪlm〕*n*. 軟片
color film 彩色軟片 ↔ black and white film 黑白軟片
slide〔slaɪd〕*n*. 幻燈片
wind〔waɪnd〕*v*. 捲　　　***wind the film*** 捲片

~~~~~~~~~~~~~~~~~~~~~~~~~~~~~~

watch〔watʃ〕*n*. 錶
electronic watch〔ɪˌlɛk'trɑnɪk 'watʃ〕*n*. 電子錶
automatic watch〔ˌɔtə'mætɪk 'watʃ〕*n*. 自動錶
knob〔nɑb〕*n*. 扭頭；圓形把手
stem〔stεm〕*n*. (手錶的)發條轉扭
hour hand 時針
minute hand 分針
second hand 秒針
date〔det〕*n*. 日期
watch band 錶帶

antishock〔ˌæntɪ'ʃɑk〕*adj*. 防震的
waterproof〔'wɔtɚ'pruf〕*n*. 防水的
with alarm 附有鬧鈴

* 有關酒的字彙請見第五章第四單元。

4. 討價還價

Bargaining

Ⅰ 討價還價實用語句

1. That's too expensive. 那太貴了。

2. Oh, they shouldn't be that expensive！喔，不應該那麼貴！

3. I still think they're too much. 我還是認為太貴了。

4. Can you

make it cheaper?
reduce the price?
give me a discount?
take off three dollars?

你可以

算便宜一點
降價
打折
少算三塊錢

嗎？

5. I'll buy it if it is cheaper. 如果便宜一點的話我就買。

6. I'll give you ninety dollars for it. 我出九十塊。

7. If I buy three sets of this, will you make it cheaper?
   如果這個我買三套，你會算便宜一點嗎？

8. Is this your

final
last

price？ 不能再便宜了嗎？

9. Do you know somewhere else I could get them?
   你知道有別的地方可以買到嗎？

10. I think I've seen it cheaper somewhere else.
我想我看過別的地方有更便宜的。

11. Thank you. I'll │ try some other place.
think about it while I am looking
around some other place.

謝謝，我 │ 到別的地方看看。
到別的店看看，考慮考慮。

12. Sorry for the trouble. 抱歉打擾了。

* 店員的話 *

1. Our prices are all fixed. 我們都是不二價。
2. This is a fixed price. 這是不二價。
3. Please don't │ bargain │ with me. 請不要和我討價還價。
haggle

* haggle〔ˊhægl〕v. 討價還價

4. I'll take ten percent off the price. 我少算一成。
5. I'll give you a special price. 我給你特別優待。

Ⅱ討價還價實況會話
Bargaining
討 價 還 價

（ T ＝ Tourist 觀光客 ， S ＝ Salesclerk 店員 ）

T： How much are these cowboy boots?
這些牛仔靴要多少錢？

S： Four hundred dollars. 四百元。

T： Oh, they shouldn't be that expensive!
喔，不應該那麼貴！

S： You must be kidding! These boots are of the highest-
quality snakeskin, the best on the market. The stitching
is perfect.
你一定是在說笑！這些靴子是用最好的蛇皮做的，是市面上最好
的，做工好極了。

T： I still think they're too much.
我還是認為太貴了。

S： Well, I'll give you a special price. Three hundred fifty.
那麼，我算你特價三百五。

T： Well, if that's your final price, I'll think about it while
I'm looking around some other shops.
嗯，如果那是你最後的價碼，我要看看別的店，考慮考慮。

S： All right, you win. Three hundred, and that's final.
好吧，你贏了。三百元，這是最後的價碼。

T ： Three hundred dollars with a couple of those key chains.
How about that？

三百元加幾條鑰匙鍊如何？

S ： Hah！ You're robbing me！ O.K. Pick out a couple.

嚇！你這是在搶刼！好吧，選兩條。

T ： Thank you, and please give me a receipt.

謝謝，請給我一張收據。

---

* ***You must be kidding***！ 你一定是在開玩笑！　　***on the market*** 市面上

stitching 〔 ˊstɪtʃɪŋ 〕 *n.* 縫製；縫級　　***a couple of*** 幾個

key chain *n.* 鑰匙鍊　　***You're robbing me***！ 你（簡直）是在搶刼！

Ⅲ討價還價實況簡介

基本上，討價還價並不是一件值得提倡的事，國內幾年前就曾推行不二價運動，想改善國人講價的惡習，但事實上商議價錢在不同場合下還是有它的必要性。百貨公司固不宜講價，但如果是在其他較小的商店或市集買東西，而你又覺得價錢太高時，就不妨殺殺價，而且有的還會看你是觀光客而故意賣得比較貴。不過討價還價也要看去的地方。以亞洲來說，買東西如果不講價，往往就會吃虧，香港就是個典型的例子。歐美則多不興此套，但有時你也會發現同樣一件東西，在不同地方價錢相差很多，所以還是要留意一下。

討價還價的技巧

討價還價可以還到什麼程度，要看情形而定。基本上要強調「便宜一點就買」，再來就是殺價。你可以先殺多一點，再看對方的反應，慢慢還，甚至也有從一半就殺起的。另外就是針對貨品的缺點，加以挑剔，偶爾也表示別家有更便宜的價錢，想到別家去買。但是如果怎麼講價，對方都不肯讓步，而你又願意多買幾件的話，不如就買上兩三樣，請他打個八、九折。再不然就找個小配件請他附送給你。總之一切但求適可而止，也最好雙方都能滿意。

Ⅳ討價還價實用字彙

bargain; haggle 〔'bɑrgɪn; 'hægl̩〕v. 討價還價
discount 〔'dɪskaʊnt, dɪs'kaʊnt〕n. 折扣
fixed price 〔ˌfɪkst 'praɪs〕n. 固定價格
only one price 〔'onlɪ wʌn 'praɪs〕n. 不二價
cheap 〔tʃip〕adj. 便宜的
expensive 〔ɪk'spɛnsɪv〕adj. 貴的

5. 遺失皮包
Losing Purses

I 遺失皮包實用語句

1. I can't find my purse. 我找不到我的皮包。
2. I've had my wallet stolen. 我的皮夾被偷了。

描述所所遺失皮包的外形

1. It's a brown nylon tri-fold wallet.
   那是個咖啡色尼龍做的三折皮夾。
2. It's a black leather billford, fairly thick and worn.
   那是個黑色皮夾,相當厚而且舊。
   * billford 〔'bɪl,ford〕 *n.* 皮夾
3. My purse is a medium-sized black cloth bag with a brass
   snap and a shoulder strap.
   我的皮包是一個中型的黑色布包,有銅鉤和肩帶。
   * brass 〔bræs〕 *n.* 黃銅　　snap 〔snæp〕 *n.* 扣;鉤
   strap 〔stræp〕 *n.* 皮帶;肩帶

皮包裏面裝有重要東西

1. It has everything in it. 所有的東西都在裏面。
2. I had my credit card and traveler's checks in it.
   裏面有我的信用卡和旅行支票。
3. I still have half of my money, because I kept it in a
   different place. 我還有一半的錢,因為我一半放在別的地方。

4. Never mind about the traveler's checks for now, but I need my credit card to check out of the hotel.

現在別管旅行支票，但我需要用信用卡來向旅館結帳。

詢問如何解決

1. What should I do？ 我該怎麼辦？

2. Should I go to the police station?

我該到警察局去嗎？

3. Please let me know if it turns up.

如果發現了，請通知我。

　　＊ *turn up* （某物）偶然出現（找到）

II 遺失皮包實況會話

Lost & Found

失 而 復 得

(S = Sales Assistant 店員，T = Tourist 觀光客，

C = Customer Service Clerk 顧客服務台職員)

S : May I help you? 我能效勞嗎？

T : Yes, I'd like this eau de cologne, please.
是的，請給我這瓶古龍水。

S : O.K. That'll be sixteen ninety-five.
好。要十六元九角五分。

T : Do you accept American Express cards?
你們收美國運通卡嗎？

S : Yes, we do. 是的，我們收。

T : That's strange. I can't find my wallet. I had my credit
card and passport in it.
怪了，我找不到我的皮夾，裏面有信用卡和護照。

S : Is it in your shopping bag?
在你的購物袋裏嗎？

T : No, it's definitely not there. What should I do?
不，絕不是在那裏，我該怎麼辦？

S : Well, first you'd better go to our Customer Service
Counter and check on it.
嗯，你最好先到我們的顧客服務台去查。

T : Where is it? 在那裏？

S： It's on the mezzanine. You can take the elevator over there. 在中層樓，你可以坐那裏的電梯。

T： Thank you. 謝謝。

T： Excuse me. 對不起。

C： Yes, may I help you？ 是，我能效勞嗎？

T： I lost my wallet. I had my credit card and passport in it. 我丟了皮夾，裏面有信用卡和護照。

C： What is your name？ 你叫什麼名字？

T： Chien-ming Lin. 林建明。

C： What kind of wallet is it？ 什麼樣的皮夾？

T： Well, it's black, about this size, with the initials J.A.C. on the inside. 嗯，是黑色的,差不多這麼大,裏面有姓名字首 J.A.C.。

C： Let me check on that. Is it this one, Mr. Lin？ 讓我查查。是這個嗎？林先生？

T： Fantastic！ Thank you so much. 太好了，眞是謝謝你。

C： You're welcome. 不客氣。

＊ eau de cologne〔͵odəkəˊlon〕*n*.〔法〕古龍水
That's strange. 奇怪。　　　wallet〔ˊwɑlɪt〕*n*. 皮夾
definitely〔ˊdɛfənɪtlɪ〕*adv.* 絕對地（與否定詞連用）
Customer Service *n.* 顧客服務部（提供顧客種種服務與資料的地方）
mezzanine〔ˊmɛzə͵nin, -nɪn〕*n*. 中層樓（通常介於一樓與二樓之間的半樓）
Fantastic！ 好極了！（〔fænˊtæstɪk〕）

Ⅲ 遺失皮包實況簡介

謹防被盜

　　在人生地不熟的地方，身懷鉅款的觀光客往往是扒手小偷夢寐以求的肥羊，就算你再小心，也難保不被盜。但是有了心理準備，至少可以減低受害的機率。

　　通常為了防止扒手，百貨公司等地方，都會安排穿制服或便裝的男女警衞來防備，但要防止扒手，終究還是得靠自己。例如放有錢包的手提袋，要緊跟在身邊或眼前，不要把手提袋隨便往肩上一掛，或隨意放在櫃枱上；再則就是掏錢包的時候不要拿出太多錢，而且要儘快收起來等。

護照、現金要分開放

　　歹徒最大的目標是現金，你如果把錢一部分、一部分地分開放，即使不幸被盜也可以減少損失。而更重要的是護照和現金要分開放，因為有很多人就是把現金和護照放在一起而致雙雙被盜。護照丟了，當然更增麻煩。所以寧可多加這道分開放的手續。但是如果覺得東西帶在身邊走來走去，很不安全，就不如把東西存放在旅館的保險箱裏。

遺失護照時

　　護照丟了，要先到警察局要求發給遺失證明書，再向我國大使館或領事館申請補發。這時最好能有記下來的護照號碼，並且還要相片。而更好的是如果有護照的影印本，手續就方便多了。

中華民國護照

Passport of the
Republic of China

M 1470939

遺失旅行支票時

　　旅行支票遺失，要立刻和發行的銀行或分行聯絡，辦理重新發給的手續。這時你必須知道遺失支票的金額，張數及帳號，否則等它重新辦好，有時要花上好幾天。所以你一定要準備一份支票帳號的副本。

遺失信用卡時

　　儘快和信用卡發行公司或合作金庫連絡，辦理作廢的手續。但要注意最好還是不要丟了，因為有些銀行恐怕就不會再替你辦信用卡了。

Ⅳ遺失皮包實用字彙

wallet〔'walɪt〕*n.* 皮夾　　　　　purse〔 pɜs〕*n.* 皮包；錢包
lost〔lɔst〕*v.* 遺失（lose 的過去式）
customer service counter （顧客）服務台
lost and found section 失物招領處
passport〔'pæs,pɔrt,-port〕*n.* 護照
traveler's check〔'trævələz ,tʃɛk〕*n.* 旅行支票
credit card〔'krɛdɪt ,kard〕*n.* 信用卡
consulate〔'kanslɪt,'kansjəlɪt〕*n.* 領事館
police station〔 pə'lis ,steʃən〕*n.* 警察局
address〔ə'drɛs〕*n.* 地址
send ; mail〔sɛnd ; mel〕*v.* 寄
phone number〔'fon ,nʌmbə〕*n.* 電話號碼

Chapter 5

At the Restaurant & Bar

在餐廳與酒吧

1. 在餐廳
At the Restaurant

I 在餐廳實用語句

詢問餐廳的地點

1. What foods are the speciality of this country？
   這個國家有什麼特別的吃的東西？

2. Is there a restaurant near here？ 這附近有餐廳嗎？

3. Can you suggest a good restaurant for me？
   你可以介紹我一家好餐廳嗎？

4. Do you know a seafood restaurant around here？
   你知道附近有海鮮店嗎？

預訂餐廳

1. I | want | to make a reservation for three for
      | would like |

   7 o'clock. 我想預訂七點的三個席位。

2. There are five of us. 我們有五個人。

3. Do you have a table for four？ 你們有四個人的桌位嗎？

4. Can we have a table by the window, please？
   請你給我們靠窗的桌子好嗎？

5. Where is the restaurant located？
   餐廳位於那裏？

   ＊ 到較大的餐廳吃飯時，須先預訂。

入座

1. May I take this seat？ 我可以坐這個位子嗎？
2. Table for one, three, please. 請給 一個人 三個人 的桌子。
3. A table by the window, in the corner, please. 請給 靠窗 在角落 的桌子。
4. We need another chair. 我們還要一張椅子。
5. May we have a new table, please？ 我們可以換張桌子嗎？
6. Can we change tables？ 我們能換桌子嗎？
7. Could we sit somewhere else, please？
   我們可以坐在別的地方嗎？
8. Can we push these two tables together？
   我們可以把這兩張桌子併在一起嗎？
9. I think I have reservations for two. 我想我預訂了兩個人的位子。

看菜單

1. Bring me the menu, please. 請拿菜單給我。
2. May I see the menu, please？ 請給我看菜單好嗎？
3. Could we have the wine list？ 能不能把酒單拿給我們看？

*侍者問點什麼菜 *

1. Could I take your order？ 你要點什麼菜？
2. What would you like to order？ 你要點什麼菜？
3. What will you have for dessert？
   你要吃什麼點心？

4. Would you care for an appetizer or cheese?
   你要開胃菜還是乳酪?

徵詢侍者的意見

1. What do / would you suggest / recommend (for the main dish)?

   你(對主菜)有什麼建議?

2. What's that? 那是什麼樣的菜?

3. What's the speciality of this restaurant?
   這家餐廳的招牌菜是什麼?

4. What's today's special? 今天的特餐是什麼?

5. Do you have a vegetarian menu? 你們有沒有素食的菜單?

   * vegetarian〔ˌvɛdʒəˈtɛrɪən〕*adj.* 素食主義(者)的 *n.* 素食者

6. What kind of desserts / dressing do you have?

   你們有什麼 點心? / 調味品?

點菜

1. Toast / Hot cakes and a pot of coffee, / a glass of milk, please.

   請來 烤麵包 / 熱蛋糕 和 一壺咖啡。 / 一杯牛奶。

2. T-bone steak and sauerkraut and fried potatoes, please.
   請來丁骨牛排、酸泡菜和炸洋芋。

   * sauerkraut〔ˈsaʊrˌkraʊt〕*n.* 酸泡菜

3. Give me this table d'hote, please. 請給我這份全餐。

   * table d'hote (〔dot〕) *n.* 全餐

4. | I'd like | today's special, please.
   | I'll try |
   | I'll take |
   | I'll have |

   | 我想要 | 今天的特餐。
   | 我要試試 |
   | 我要 |
   | 我要吃 |

5. I'd like to | try | a triple-decker club sandwich.
   | have |

   我想要 | 試試 | 三層的總滙三明治。
   | 吃 |

6. I'd like to have something light to eat.
   我想吃點清淡的東西。

7. That sounds | good. | 那似乎不錯。
   | nice. |
   | fine. |

8. I'll have the same (dish as that person).
   我要 (和那個人) 同樣的菜。

9. Make it two. 來兩份。

＊侍者問要什麼樣的烹調法、調味料和口味＊

1. How | do / would | you | want / like | your | steak? Rare, medium or well-done?

egg(s)? Fried, scrambled or boiled?

hamburger? With ketchup or mustard?

sandwich? **Toasted or untoasted?**

coffee? Black or with sugar or cream?

你要什麼樣的 | 牛排？稍熟？五分熟？還是全熟？

蛋？煎蛋、炒蛋還是煮蛋？

漢堡？要加蕃茄醬還是芥末？

三明治？烤還是不烤？

咖啡？黑咖啡還是加糖或乳酪？

2. We have ketchup, mustard, onions and pickles.
   我們有蕃茄醬、芥末、洋葱和黃瓜。

回答

1. I | like / want | it | well-done. / medium-well. / medium. / medium-rare. / rare. | 我要 | 全熟的。 / 八分熟的。 / 五分熟的。 / 三分熟的。 / 稍熟的。

＊ 此指牛排。

2.

I'll have	it	over-easy. / poached.
I'd like	them	fried. / scrambled.
		hard / soft-boiled.
		sunny-side up.

我要

| 兩面煎嫩的 / 煮荷包蛋。 |
| 煎蛋 / 炒蛋。 |
| 煮熟 / 半熟的蛋。 |
| 只煎一面的荷包蛋。 |

＊ poach（煮荷包蛋）是把蛋打在開水中煮；boil 是連殼一起煮。此句型等於
I'll have ～ eggs. 或 I'll have a ～ egg. 但通常都不止吃一個蛋。

3. Don't overdo it. 不要煮太熟。

4. I don't want it too spicy. 我不要太辣。

5. I like it | hot. | 我喜歡 | 辣一點。 |
| | crisp. | | 脆一點。 |

＊ 侍者問要什麼飲料 ＊

1. What will you have to drink? 你要什麼飲料？

2. Would you like to try the wine? 你要不要來點酒？

3. Which juice shall I bring you? 你要什麼飲料？

叫飲料

1.

| Orange juice, | please. 請來杯 | 橘子汁。 |
| Tea with a slice of lemon, | | 檸檬茶。 |

2. | Please | bring me a bottle of beer. 請給我一瓶啤酒。
| I want |

請侍者服務

1. Would you bring the pepper, please？請你拿胡椒來好嗎？

2. Please | bring | me | a | glass | of | water.
         | give | | another | pot | | iced water.

   請給我一 杯 水。
            壺

3. Could I have some more coffee, please？
   請再給我一些咖啡好嗎？

4. May I have | another fork？再給我一根叉子好嗎？
   Could you bring me

5. Could you bring more lemon for this lady？
   請你替這位女士多拿一些檸檬好嗎？

用餐時的談話 —— 請求傳遞調味料

Please pass me the | pepper / salt.
                   | ketchup / hot sauce.
                   | sugar bowl.

請把 | 胡椒 / 鹽 | 遞給我。
     | 蕃茄醬 / 辣椒醬
     | 糖罐子

問別人點的菜如何

How's | the lobster, | Mary？ | 龍蝦 | 如何，瑪麗？
       | your salmon, | | 你的鮭魚

表示對菜的意見

1. It's very | good. | 很 | 好。
   | delicious. | | 好吃。

2. It's very tender and tasty. 非常鮮嫩可口。

3. It's the best | dish | I've ever had.
   | steak |

   這是我吃過的最好的 | 菜。
   | 牛排。

4. It's too | salty / sweet. | 太 | 鹹 / 甜 | 了。
   | sour / hot. | | 酸 / 辣 |
   | greasy. | | 油 |

5. The | meat | is too tough. 這 | 肉 | 太硬了。
   | vegetable | | 菜 |

   * 肉煮太久或菜煮得不夠久會太硬。

6. The soup is **tasteless**. 湯沒味道。

   * tastless 前面不加 too。

7. I'd like a little more salad. 我想再多加一點沙拉。

表示吃飽了

1. I've had enough. 我已經吃飽了。

2. I'm full, thank you.
   我飽了，謝謝。

3. I couldn't eat any more.
   我不能再吃了。

其他・聊天

1. Do you like Chinese food？ 你喜歡吃中國茱嗎？

2. I hear that Chinese dishes are becoming popular in the States. Have you tried any of them?

   我聽說中國茱在美國漸漸普遍起來，你有沒有吃過？

3. Give me your address. I'll send you a book on Chinese cooking when I get home.

   把你的住址給我，我回去後寄一本中國烹飪的書給你。

Ⅱ 在餐廳實況會話(1)

At the Fast Food Restaurant

在 速 食 店

（ C ＝ Clerk 職員 , T ＝ Tourist 觀光客 ）

C : Hello, what'll it be ? 哈囉，要什麼？

T : Hi. A hamburger and a coke, please.
嗨，一個漢堡和一杯可樂。

C : Sure. How do you want it ? 好。你要什麼樣的？

T : What do you mean ? 你是說什麼？

C : I mean do you want onions or pickles or everything ? Or
do you want it plain ?
我是說你要洋葱，黃瓜或每樣都要？還是不加？

T : Oh. with onions, please. And can I have some mustard and
ketchup, too ?
噢，請加洋葱。我可以來一點芥茉和蕃茄醬嗎？

C : Mustard and ketchup are there. Help yourself, please.
芥茉和蕃茄醬在那裏，請自己用。

T : Oh. I see. 噢，我知道了。

C : Large or small coke ? 可樂要大杯還是小杯？

T : Small, please. 請給小杯。

C : Here you are. One-twenty, please.
來了，請給一元二角。

T : There. Thanks. 這裏，謝謝。

* hamburger〔 'hæmbɜɡɚ 〕*n.* 漢堡
onion〔 'ʌnjən 〕*n.* 洋葱　　pickle〔 'pɪkḷ 〕*n.* 黃瓜
plain〔 plen 〕*adj.*（在此指漢堡）只夾肉
mustard〔 'mʌstəd 〕*n.* 芥末
ketchup〔 'kɛtʃəp 〕*n.* 蕃茄醬（＝catsup〔'kætsəp〕, catchup）
Help yourself, please. 請自由取用。

Ⅱ 在餐廳實況會話(2)
Making Restaurant Reservations
預 訂 餐 廳

（ **T** ＝ **Tourist** 觀光客 ， **R** ＝ **Receptionist** 接待員）

T : I'd like to make a reservation for three for dinner this evening. 我想預訂今晚三個人的桌位。

R : For what time？ 什麼時候？

T : 8 o'clock. 8點。

R : All right. May I have your name, please? 好，請問你的名字？

T : Ching-ming Wang. 王慶明。

R : Ching-ming Wang. Very good, Mr. Wang, we'll be waiting for you at 8 o'clock this evening. 王慶明。好，王先生，我們今晚八點等候您的光臨。

T : Thank you. By the way, is a tie necessary? 謝謝。對了，要打領帶嗎？

R : Yes, sir, we request that all our guests wear a coat and tie. 是的，先生，我們要求我們的來賓穿西裝打領帶。

T： I understand. Thank you. 我知道，謝謝。

* receptionist〔rɪ'sɛpʃənɪst〕 *n.* 接待員
  For what time ? 要什麼時候？
  request〔rɪ'kwɛst〕*v.* 要求

Ⅱ 在餐廳實況會話(3)
Ordering Food
點　菜

（**B = Brown** 布朗 ，**R = Receptionist** 接待員 ，**W = Waiter** 服務
生 ，**A = Aileen** 艾琳 ，**C = Chien-ming Ch'en** 陳健明）

B： My name is Brown. I reserved a table for three for 8
o'clock. 我叫布朗，我訂了八點三個人的桌位。

R： Ah, yes, Mr. Brown. I have your name right here. Would
you like to go through to the dining room? Pierre will
show you the way. 啊，是的，布朗先生。我這裏有你的名
字。你要不要去餐廳？皮耶會帶路。

W： Would you like something to drink while you're choosing
your meal? 您選菜時要不要喝點飲料？

B： We'll all have dry martinis. 都給我們來辣的馬丁尼。

W： Fine. Here're your menus... and the wine list.
好，這是菜單，和酒單。

A： Would you like an hors d'oeuvre to start with?
你要不要先來個開胃菜？

C： I'd like to try the smoked salmon. 我想試試燻鮭魚。

B： That sounds good. I'm going to try the Oysters Florentine. How about you, Aileen？

那似乎不錯，我要試試佛羅倫斯蠔。艾琳，你呢？

A： The caviar. Well, Chien-ming, what about the entree？ Would you like to try the lobster？

魚子醬。那麼，健明，要什麼主菜呢？你要不要試試龍蝦？

C： Oh. I couldn't eat so much. What is this one, Dover Sole Chablisienne？

喔，我吃不了那麼多，這個夏布利馨多佛牒魚是什麼？

B： I don't know. I'll ask the waiter. Waiter！

我不知道，我問服務生。服務生！

W： Yes, sir？ 是的，先生？

B： What is this dish？ 這是什麼菜？

W： That's sole with mushroom and snail butter.

那是牒魚加洋菇和蝸牛奶油做成的菜。

C： That sounds nice. I'll have that.

似乎不錯，我吃那道。

B： O.K. Do you want a salad？ 好，你要沙拉嗎？

C： Yes, please. What is the speciality of the house？

是的，要。這家店的招牌菜是什麼？

B： That's Salade Maison with bay shrimp, avocado, and hearts of palm. 是沙拉梅宋加海灣蝦、鱷梨和椰實。

C： Oh. I'd like to try that.

喔，我想嚐嚐。

W : Fine. And you, ma'am? 好，你呢？夫人？

A : I'll have the same. 我要同樣的。

* dining room *n.* 飯廳   ***show sb. the way*** 替某人帶路

  dry〔drɑɪ〕*adj.*（在此指酒）辣的（飯前多飲較辣的酒，飯後喝甜酒）

  hors d'oeuvre〔ɔr'dɜv〕*n.*〔法〕開胃菜（主菜前的開胃食品）

  smoked〔smokt〕*adj.* 用煙燻製的

  salmon〔'sæmən〕*n.* 鮭魚   oyster〔'ɔɪstɚ〕*n.* 蠔；牡蠣

  Florentine〔'flɔrən,tin, 'flɑr-, -,taɪn〕*n.(adj.)* 佛羅倫斯人〔的〕

  caviar(e)〔'kævɪ,ɑr, ,kævɪ'ɑr〕*n.* 魚子醬

  entree〔'ɑntre, ɑ'tre〕*n.* 主菜   lobster〔'lɑbstɚ〕*n.* 龍蝦

  Dover Sole Chablisienne *n.* 把鰈魚和洋菇用有蝸牛味道的奶油調味做成
  的菜（Dover sole 是在多佛海峽捕到的鰈魚）

  sole〔sol〕*n.* 鰈魚   mushroom〔'mʌʃrum, -rʊm〕*n.* 洋菇

  snail〔snel〕*n.* 蝸牛

  Salade Maison *n.* 沙拉梅宋（法國特製的沙拉）   bay〔be〕*n.* 海灣

  avocado〔,ɑvə'kɑdo, ævə-〕*n.* 鱷梨

Ⅱ 在餐廳實況會話(4)
Table Conversation
餐 桌 上 的 談 話

（W＝Waiter 服務生，B＝Mr. Brown 布朗先生，A＝Aileen
艾琳，C＝Chien-ming Ch'en 陳健明）

W : Would you like to try the wine, sir?
你要不要喝喝酒，先生？

B : Yes, that seems fine. 好，似乎不錯。

A : Ah, here're the hors d'oeuvres. How's the salmon,
Chien-ming. 嗯，這是開胃菜，鮭魚如何，健明？

C : It's very good. 很好。

A : Good. 好。

B : Help yourself to some bread. 請隨便用一些麵包。

C : Thank you, Mr. Brown. Oops! Excuse me! That was clumsy of me. 謝謝，布朗先生。啊！抱歉！我眞笨。

B : Don't worry. We'll get you another one. Waiter!
別擔心，我們再給你拿一支。服務生！

W : Yes, sir? 是的，先生？

B : Could you bring us another butter knife, please ?
你再給我們拿一支塗奶油的小刀好嗎？

W : Certainly, sir. 當然，先生。

A : How's your Filet Mignon ? 你的菲力牛排如何？

B : Fine. How's your fish, Chien-ming ?
很好，你的魚呢，健明？

C : Very good. But I'd like a little more lemon.
很好，但我想多加一點檸檬。

B : Let me call the waiter. Waiter! 讓我叫服務生來。服務生。

W : Yes, sir? 是的，先生？

B : Could you bring more lemon for this man ?
你能替這位先生多拿一點檸檬嗎？

W : I'll bring it right away, sir. 我馬上拿來，先生。

---

* ***Help yourself to ~*** 自由取用～；自便
   clumsy〔'klʌmzɪ〕*adj.* 笨拙的   butter knife *n.* 塗奶油用的小刀
   filet〔fɪ'le, 'fɪle〕*n.* 〔法〕肉片
   Filet Mignon〔'fɪlɪt 'mɪnjən〕*n.* 菲力牛排（一種里肌牛排）

Ⅲ 在餐廳實況簡介

吃是一種享受，你如果對吃有興趣的話，正好趁著旅遊的機會，嚐嚐異國的口味。

在旅館裏用餐

大部分的旅館都有餐廳，有的還設有酒吧和咖啡屋。如果所住的旅館採用住宿費包括餐費的計費制度 —— 不管用餐與否都照價收費的話，那就該好好享用旅館的餐廳。早餐通常是供應歐式早餐（continental breakfast）。東西很簡單，只有麵包、土司、奶油、果醬、及咖啡、牛奶等飲料。

在速食店用餐

速食店是吃簡便食物的地方，創始人是麥當勞（McDonald）招牌上則寫著 " McDonald's "。主食是漢堡、三明治及熱狗，飲料則有咖啡、紅茶、可樂等。他可能會問你要什麼樣的漢堡或熱狗；或是加醃黃瓜（pickles）、洋蔥（onions）、酸泡菜（sauerkraut）；或是加芥末（mustard）或蕃茄醬（ketchup）。如果全部都要是 "with everything" 或 "all the way"，都不加則是 "plain"。至於三明治則可能問你要什麼麵包，如白麵包（white bread）或黑麵包（rye bread），或烤（toasted）還是不烤（untoasted）。

速食店沒有侍者，不用給小費。你在櫃枱買食物或飲料時，如果要帶走就說 "Take out" 或 "Food to go"，他就會給你裝袋；如果要在那裏吃就說 " I'll have it here. " 或 "For here. "，他就會把東西盛在盤子裏，讓你帶到位子上吃。

在自助餐廳用餐

　　自助餐廳的招牌是 "Cafeteria" 或 "Self Service Restaurant"。用餐的方式大致可分兩種：一是在並列的各種食物中挑出自己喜歡的，請廚師幫忙放入盤中，然後在收銀枱付帳；另一種是事先配好菜，一盤盤放在櫥窗裏讓你挑選，只要投錢進去，你要的那一盤就會跳出來。選好食物以後拿了刀、叉、匙就可以到座位上用餐。由於是自助的，不須給小費。

在餐廳用餐

　　餐廳的種類很多，從平常的小吃到服務週到的高級餐廳都有。你可以先向人打聽那裏有好吃而價錢公道的餐廳，也可以找電話簿的分類部，看看有沒有什麼特別口味的餐廳。但如果是到較正式的餐廳用餐，在去之前最好先打電話預訂。號碼可以在電話簿上找到，預訂時要告訴對方要幾個人的桌位，幾點去，此外如果你特別偏愛靠窗或靠角落的座位，也可以跟他說。服裝方面要正式，通常男的要穿西裝打領帶，女的要穿套裝或洋裝。到餐廳後，則要讓侍者帶領入座。

點菜

　　在餐廳用餐基本上有三種方式，一是點菜（a la carte），也就是點一道一道的菜。你要先看菜單（menu），菜單上會依肉、魚、沙拉、點心等食品的類別列出菜名。點菜可能較貴，但若只想吃幾樣的話，倒不失為一個經濟又好吃的方式。第二種是「全餐」（Table d'hote），也就是把各種類別的菜都點上一樣，按開胃菜（Hors d'Oeuvre）、湯、主菜（Entree，魚或肉的料理）、沙拉、飯後甜點的順序把東西送上來。最便宜的是特餐，這是由肉或魚做成的一道菜，並附有麵包、奶油、沙拉等。菜單見下頁圖例：

Hors d'Oeuvres

Froids

SUPREME DE FRUITS FRAIS 3.50

JAMBON CRU ET MELON 4.95

TRUITE FUME RAIFORT 4.00

TERRINE DE FAISANT FRANCOIS 4.50

COCKTAIL DE CREVETTES 6.00

SAUMON FUME 6.75

AVOCAT ET PAMPLEMOUSSE
AU CHUTNEY 3.85

SAUMON EN SALADE JOUVENCELLE 7.50

BELUGA MALOSSOL CAVIAR

HUITRES OU PALOURDES DE SAISON 6.25

TERRINE DE FOIE GRAS TRUFFE 15.00

SALADE DE COEURS D'ARTICHAUT
AUX CREVETTES 5.00

Chauds

CREPE NEPTUNE 4.50

HUITRES FLORENTINE 4.65

CREVETTE FARCIES BASILIC 6.00

FEUILLETE AUX CHAMPIGNONS
CONCORDE 4.50

ESCARGOTS BOURGUIGNONNE 5.25

ESCARGOTS SATEAU 6.50

COEUR D'ARTICHAUT SOPHIE 6.00

TARTELETTE DE CREVETTES ISMAIL 4.25

Soupes et Potages

SOUPE DU JOUR 2.50   SOUPE A L'ONION GRATINEE 3.95
CHILLED AVOCADO CREAM SOUP 3.50   BISQUE OF LOBSTER 4.25
SOUPE DE COQUILLAGE 6.00

Buffet Froid et Salades

SALADE VERTE DE SAISON 3.00   SALADE BEAUCAIRE 9.00

FRESH MUSHROOMS VINAIGRETTE 4.25   FRESH SPINACH SALAD (For Two) 9.00
SALADE MAISON 5.00   CAESAR SALAD (For Two) 9.00
PLATEAU DE FRUIT DE MER 14.00

PAPAYA ORIENTAL 9.00

STEAK TARTARE, POMMES PONT-NEUF 13.00

BELGIUM ENDIVES IN SEASON 5.50

Les Specialites

FILET DE BOEUF WELLINGTON 45.00

PIGEON ROTI BONNE-FEMME EN COCOTTE 15.00

CANARD A LA MODE DE TILLIERES 14.50

MEDAILLON DE RIS DE VEAU GOURMAND 16.00

COTE DE VEAU VIROFLAY 16.50

PAPILLOTTE DE SAUMON AU BEURRE BLANC 15.00

點飲料

如果是在較正式的餐廳，則酒和菜分開點。侍酒生會拿酒單來給你看，你可以分別點飯前酒、飯後酒及用餐中喝的酒。通常飯前酒較辣（dry），可促進食慾；飯後酒多是甜酒。至於用餐中喝的酒則隨食物而不同；如吃肉配紅葡萄酒（red wine），吃魚配白葡萄酒（white wine）等。

用餐的禮節

用餐的禮節隨各國料理及所使用餐具而不同。例如中國人吃合菜，用筷子，就要注意不可翻揀菜餚；而西洋人各吃各的，使用刀叉，則另有一套規矩。以下列出幾點吃西餐應注意的事項：

▲ 疊餐巾：把餐巾摺成兩疊，放在膝蓋上。

▲ 用湯匙喝湯：喝湯時，湯匙要由內向外舀。如果湯盛在杯子裏，則不用湯匙，直接喝。喝時不可發出聲音。

▲ 吃麵包：不宜用嘴咬麵包，應該用手撕著吃。

▲ 使用刀叉：放在盤子兩邊的刀叉，要由外向內取用。暫時不用刀叉時，仍要放在盤子兩側，不要併在一起，以免被誤為已經吃完而收走餐盤。

▲ 吃肉：要邊切邊吃，不要大塊咬食。

▲ 吃魚：吃完一面要把魚骨拿掉，再吃另一面。

▲ 使用調味料：調味料如果放得遠，要請人幫忙傳遞，不要伸長手或站起來拿。

▲ 談話：嘴裏有東西的時候，儘量不要說話但仍應愉快地與人交談，不要自顧自地默默地吃。話題不要太嚴肅，至少可以表示對菜的意見，說句很好吃。

以上幾點雖然應該遵守，但也不要過份注意，而致影響用餐的心情。如果不小心弄翻碗盤或出了什麼小意外，只要說聲："Excuse me"，表示歉意就可以了。

最後要注意的是用餐完畢後，不要和人爭著付帳。如果你是被請的一方，下次也可以回請。離座時則要友善地與鄰座客人微笑頷首示別。

請侍者服務＊給小費

　　除了帶你入座的服務生外，在較大而正式的餐廳會有專屬服務生，不可隨便要求路過的服務生替你服務。你可以在點菜、點酒時徵詢他的意見，或向他要開水、換餐具等。小費是在付帳時另外給，約佔總額的10%～15%。(關於付帳，請參閱第四單元)

Ⅳ在餐廳實用字彙

fast food restaurant〔'fæst fud 'rɛstərənt〕*n.* 速食店
hamburger stand〔'hæmbɝɡɚ ,stænd〕*n.* 漢堡攤
cafeteria〔,kæfə'tɪrɪə,-tə'riə〕*n.* 自助餐廳(＝self-service
　restaurant)
snack bar〔'snæk ,bɑr〕*n.* 小吃店
grill〔grɪl〕*n.* 烤肉店(＝grillroom)
pizza house〔'pitsə ,haʊs〕*n.* 比薩店

～～～～～～～～～～～～～～～～～～

waiter〔'wetɚ〕*n.* 侍者(↔waiteress 女侍)
menu〔'mɛnju〕*n.* 菜單　　　　　order〔'ɔrdɚ〕*v.* 點菜
a la carte〔,ɑlə'kɑrt〕*n.* 菜單
table d'hote〔'tæbḷ 'dot,'tɑbḷ-〕*n.* 全餐
buffet〔'bʌfɪt〕*n.* 自助餐
special〔'spɛʃəl〕*n.* 特餐　today's special　今天的特餐
speciality〔,spɛʃɪ'ælətɪ〕*n.* 招牌菜；特製品

～～～～～～～～～～～～～～～～～～

hors d'oeuvre ; appetizer〔ɔr 'doevrə,-'dɝv ;'æpə,taɪzɚ〕*n.*
　開胃菜
entree ; main dish〔'ɑntre, ɑ'tre ;'men ,dɪʃ〕*n.* 主菜

soup〔sup〕*n.* 湯　　　　　　　aperitif〔ɑperiˈtif〕*n.* 飯前酒

salad〔ˈsæləd〕*n.* 沙拉　　　　liqueur〔lɪˈkɝ, lɪˈkjʊr〕*n.* 飯後酒

dessert〔dɪˈzɝt〕*n.* 點心　　　table wine〔ˈtebḷ ˌwaɪn〕*n.* 餐用酒

~~~~~~~~~~~~~~~~~~~~~~~~

cereal〔ˈsɪrɪəl〕*n.* 穀類；由穀類做的早餐食物

cornflakes〔ˈkɔrnˌfleks〕*n.* 玉米花片　omelet〔ˈɑmlɪt〕*n.* 蛋捲

oatmeal〔ˈotˌmil〕*n.* 燕麥粥　　　　yog(h)urt〔ˈjogɚt〕*n.* 酸奶

potato〔pəˈteto〕*n.* 馬鈴薯　　　　taro〔ˈtɑro〕*n.* 芋頭

~~~~~~~~~~~~~~~~~~~~~~~~

meat〔mit〕*n.* 肉類　　　　　chicken〔ˈtʃɪkən〕*n.* 雞肉

pork〔pork, pɔrk〕*n.* 猪肉　　duck〔dʌk〕*n.* 鴨肉

beef〔bif〕*n.* 牛肉　　　　　chop〔tʃɑp〕*n.* 排骨肉

beefsteak〔ˈbifˌstek〕*n.* 牛排　cutlet〔ˈkʌtlɪt〕*n.* 肉片

mutton〔ˈmʌtṇ〕*n.* 羊肉　　　filet〔ˈfɪlɪt〕*n.* 肉捲

~~~~~~~~~~~~~~~~~~~~~~~~

sea food〔ˈsiˌfud〕*n.* 海鮮　　salmon〔ˈsæmən〕*n.* 鮭魚

abalone〔ˌæbəˈlonɪ〕*n.* 鮑魚　sardine〔sɑrˈdin〕*n.* 沙丁魚

cod〔kɑd〕*n.* 鱈魚　　　　　　sole〔sol〕*n.* 鰈魚

cuttlefish〔ˈkʌtḷˌfɪʃ〕*n.* 墨魚　tuna〔ˈtunə〕*n.* 鮪魚

clam〔klæm〕*n.* 蛤　crab〔kræb〕*n.* 蟹　oyster〔ˈɔɪstɚ〕*n.* 牡蠣

lobster〔ˈlɑbstɚ〕*n.* 龍蝦　　shrimp〔ʃrɪmp〕*n.* 蝦

~~~~~~~~~~~~~~~~~~~~~~~~

vegetable〔ˈvɛdʒətəbl〕*n.* 蔬菜　cucumber〔ˈkjukʌmbɚ〕*n.* 黃瓜

asparagus〔əˈspærəgəs〕*n.* 蘆筍　celery〔ˈsɛlərɪ〕*n.* 芹菜

bean〔bin〕*n.* 豆　　　　　　　lettuce〔ˈlɛtɪs, -əs〕*n.* 萵苣

cabbage〔ˈkæbɪdʒ〕*n.* 白菜　　onion〔ˈʌnjən〕*n.* 洋蔥

carrot〔ˈkærət〕*n.* 胡蘿蔔　mushroom〔ˈmʌʃrum, -rʊm〕*n.* 洋菇

~~~~~~~~~~~~~~~~~~~~~~~~

almond〔ˈæmənd〕*n.* 杏仁　　　coconut〔ˈkokənət〕*n.* 椰子

cherry〔ˈtʃɛrɪ〕*n.* 櫻桃　　strawberry〔ˈstrɔˌbɛrɪ〕*n.* 草莓

peach〔pitʃ〕*n.* 桃子　pear〔pɪr〕*n.* 梨子　grape〔grep〕*n.* 葡萄

2. 抱怨
Complaining

I 抱怨的實用語句

抱怨服務太慢

1. My | steak / meal | hasn't come yet. 我的 | 牛排 / 菜 | 還沒來。

2. Our food seems to be taking a long time.
   我們的菜好像很久了。

3. I ordered | twenty minutes / half an hour | ago. 我 | 二十分鐘 / 半小時 | 前點的菜。

4. I've been waiting for half an hour. 我已經等了半個小時。

5. It has been a half hour since we ordered.
   從我們點菜到現在已經有半小時了。

6. What is taking so long？ 怎麼那麼久？

7. Please serve us as quickly as possible. 請儘快送來。

8. Please bring our | order / food | as quickly as possible.

   請儘快把我們的菜送來。

9. Could you serve me quickly？
   你能快點送來嗎？

10. I'm in a hurry. 我趕時間。

11. We have to leave pretty soon. 我們很快就得走。

12. I can't wait any longer. 我不能再等了。

13. Could you serve her first ? She has to leave soon.
    你能先把她的菜送來嗎？她馬上就要走了。

抱怨送錯菜

1. I ordered 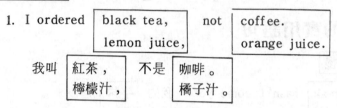 not

   我叫 紅茶， 不是 咖啡。
   檸檬汁， 橘子汁。

2. Is this strawberry ?　這是草莓嗎？

3. I don't think this is strawberry.　我想這不是草莓。

4. It tastes like raspberry to me. 我吃起來像覆盆子。

5. It seems well-done, not rare.
   這好像是全熟，不是三分熟。

6. I remember that it is not like this.　我記得不是這樣。

7. I can't remember it 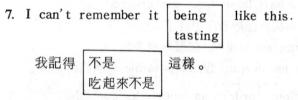 like this.

   我記得 不是 這樣。
   吃起來不是

8. I think you might have given me the wrong order.
   dish.
   meal.

   我想你們可能送錯了菜。

9. I asked for a glass, not a bottle.
   我要的是一杯，不是一瓶。

抱怨食物不好

1. This is | not fresh. | 這 | 不新鮮。
   | not cooked. | | 羹得不夠熟。
   | not ripe enough. | | 不夠熟。
   | overdone. | | 羹太熟。

* ripe 指水果

2. This has | gone bad. | 這已經 | 變壞 | 了。
   | gone rotten. | | 腐爛
   | spoiled. | | 腐爛

3. This | toast is burned. | 這 | 麵包烤焦。
   | coffee is cold. | | 咖啡是冷的。
   | fruit is unripe. | | 水果不熟。
   | egg is still raw. | | 蛋還是生的。
   | meat is too tough. | | 肉太硬了。

4. This | bread has gone stale. | 這 | 麵包已經硬了。
   | beer has gone flat. | | 啤酒已經走了氣。
   | cheese has gone moldy. | | 乳酪已經發霉了。
   | butter has turned rancid. | | 奶油已經發臭了。
   | milk has turned sour. | | 牛奶已經變酸了。

* stale 〔 stel 〕 *adj.* （麵包等）擱了幾天的；乾硬了
   moldy 〔 'moldɪ 〕 *adj.* 發霉的
   rancid 〔'rænsɪd 〕 *adj.* 奶油等有腐臭味道的
   flat 〔 flæt 〕 *adj.* （啤酒等）走了氣的；無味的

抱怨不乾淨

1. The soup has a fly in it. 湯裏面有一隻蒼蠅。

2. This | dish | is | not clean. | 這 | 盤子 | 不乾淨。
   | fork | | dirty. | | 叉子 | 髒。

II 抱怨的實況會話(1)
Complaining about Slow Service
抱 怨 服 務 太 慢

（ **T** ＝ **Tourist** 觀光客 ， **F** ＝ **Friend** 朋友 ， **W** ＝ **Waitress**
女服務生 ）

T : Our food seems to be taking a long time, doesn't it?
我們的菜好像很久了，不是嗎？

F : It sure does. Can you see our waiter anywhere?
的確，你看得到我們的服務生嗎？

T : No, I can't. 看不到。

F : Let's ask this waitress here. Excuse me.
我們來問這裏的女服務生。對不起。

W : Yes? 是的？

F : We ordered half an hour ago, but our meal hasn't arrived
yet. We have to leave pretty soon.
我們半小時前點了菜，但是現在還沒來，我們很快就得走了。

W : I'm sorry. I'll see what's happened.
抱歉，我看看是怎麼回事。

F : Thank you.
謝謝。

---

* *It sure does.* 的確。
pretty soon 很快

Ⅱ 抱怨的實況會話(2)

Complaining about Getting the Wrong Order

抱　怨　送　錯　菜

（ **T** ＝ **Tourist** 觀光客，**W** ＝ **Waitress** 女服務生 ）

T : Excuse me. 對不起 。

W : Yes, sir? 是的，先生 ？

T : I ordered vanilla ice cream.
我叫香草冰淇淋 。

W : Yes. 是的 。

T : I don't think this is vanilla. It tastes like pineapple to
me. 我想這不是香草，吃起來像鳳梨 。

W : Oh, really? I'm sorry. I'll get you the vanilla right away.
喔，眞的嗎？抱歉，我馬上給你拿香草冰淇淋來 。

T : Oh, and could I have my coffee now?
呃，那現在可以把我的咖啡送來嗎 ？

W : Sure. Will that be all?
當然，就要這些嗎 ？

T : Yes, thank you.
是的，謝謝 。

---

* vanilla〔 vəˊnɪlə〕*n.* 香草　　*I'll get you*～ 我替你拿～
Will that be all? 只要這些嗎？（ 還要些什麼嗎？ ）

Ⅲ 抱怨的實況簡介

抱怨服務太慢

在秩序比較亂的餐廳，不免會碰到點了東西卻遲遲不來的情形，這時候最好向就近的服務生問一下，請他趕快送來。尤其是有要事在身時，最好及早反應。同時在反應時必須保持風度。

如何叫服務生

叫服務生要視餐廳的格調而定。高級餐廳的侍者總是全神貫注地留意客人的需要，所以你只要伸伸手指、左右看看或使個眼色，他們就會立刻過來，再不然只要說 Excuse me 就可以了。總之，在高級飯店最好不要大聲嚷嚷。但是相反地，在一些服務較少或人多而雜的餐廳，只伸伸指頭是絕對不夠的，這時最好等侍者端菜經過時把他叫住，請他趕快上菜，或請他幫忙添加飲料等。

抱怨送錯菜

當你碰到送來的食物，並非你點的東西時，該怎麼辦呢？千萬不要因為語言不通而勉強吃下，因為你可能不喜歡那些東西，而且價錢也可能相差很大，所以最好在還沒有吃之前就向他們反應，並再次跟他們說清楚你點的菜，請他們儘快送來。

Ⅳ 抱怨的實用字彙

complain〔kəm'plen〕*v.* 抱怨
order〔'ɔrdə〕*v.* 點菜　*n.* 所點的菜
serve〔sɜv〕*v.* 上菜
wrong order〔'rɔŋ‚'ɔrdə〕*n.* 送錯菜

3. 付帳

Paying the Bill

I 付帳實用語句

請客或各自付

1. Let me pay the bill. 讓我付帳。

2. Let me take care of it. 讓我來付。

3. It's my treat. 我請客。

4. Could I have the bill please? 請把帳單給我好嗎?

5. Let me pay my share. 讓我付自己的。

6. Let's go Dutch. 讓我們各自付。

7. We can go Dutch this time. 我們這次可以各自付。

8. We'll pay separately. 我們各自付。

9. Please bring the bill. 請把帳單拿來。

10. Will this be on a separate bill? 這要分開付帳嗎?

11. Would you like separate checks? 你們要分開付帳嗎?

付帳

1. I'd like to pay my bill. 我想付帳。

2. Do you accept traveler's checks? 你們收旅行支票嗎?

3. I'll pay in cash. 我付現金。

4. How much | does it come to? / in all? / all together? | 總共多少?

5. What's today's exchange rate?
   今天的滙率是多少?

請求確定金額

1. Are you sure? 你確定嗎?
2. That seems like a lot. 那似乎多了。
3. I think this is added up wrong. 我想這算錯了。
4. I think there is a mistake in the addition.
   我想計算有錯誤。
5. Please check it. 請查一下。
6. Could I see the check, please?
   請讓我看帳單好嗎?
7. I didn't order lobster. 我沒有叫龍蝦。

Ⅱ付帳實況會話(1)
Paying the Bill
付　帳

(T = Tourist 觀光客 , C = Cashier 出納員)

C : Did you enjoy your dinner? 晚餐吃得愉快嗎？

T : Oh, very much. Just excellent. I'd like to pay my bill.
噢，非常愉快，真棒。我想付帳。

C : Yes, ma'am. Your bill comes to 282 francs.
好，夫人。總共282法郎。

T : Do you mind if I pay it with a credit card?
你介意我用信用卡付帳嗎？

C : I'm sorry, ma'am. We do not honor credit cards here.
對不起，夫人，我們這裏不重信用卡。

T : Oh, I see. Then I'll pay in cash. And what's the exchange rate today?
噢，原來如此，那麼我付現金。那今天的滙率是多少？

C : It's 9.4 francs to a dollar.
9.4法郎對美金一元。

T : Here is thirty dollars.
這是三十元。

C : Thank you. Your receipt is here. Please come again.
謝謝。你的收據在這裏，請再光臨。

T : Thank you. 謝謝。

* excellent〔'ɛksələnt〕*adj.* 極好的　　***come to*** 總共
  credit card *n.* 信用卡
  exchange rate *n.* 滙率
  franc〔fræŋk〕*n.* 法郎（法國、比利時、瑞士等的貨幣單位）
  receipt〔rɪ'sit〕*n.* 收據

Ⅱ 付帳實況會話(2)
Checking Over the Bill
檢 查 帳 單

（ C＝Cashier 出納員，T＝Tourist 觀光客 ）

C : That's fifteen dollars and ninety-five cents, please.
　　十五塊九角。

T : Are you sure？ That seems like a lot.
　　你確定嗎？好像多了。

C : O.K., I'll check it. No, that's right, sir.
　　好，我查查看。不，沒錯，先生。

T : Could I see the check, please？
　　可以讓我看帳單嗎？

C : Sure. 當然。

T : That's O.K....yes...what's this？ I didn't order
spaghetti.
　　那沒錯……對…這是什麼？我沒有叫義大利麵。

C : Let me see, sir. 讓我看看，先生。

C : Yes, you're quite right, sir. It was put on your check by mistake. I'm very sorry, sir.

對，你說得沒錯，先生。那是弄錯了加在你的帳上面。非常抱歉，先生。

T : That's O.K. How much does it come to now?

沒關係，現在一共多少？

C : That's eleven dollars and twenty-five cents.

十一塊兩角五。

T : Here you are. 這裏。

C : I'm very sorry about the mistake, sir.

很抱歉弄錯了，先生。

T : Forget it. That's all right.

算了，沒關係。

---

* cashier〔kæ′ʃɪr〕*n.* 出納員

check〔tʃɛk〕*v.* 檢查 *n.*〔美〕(飯館等的) 帳單

spaghetti〔spə′gɛtɪ〕*n.* 義大利麵

by mistake 由於 (無心的) 錯誤   *come to* 合計

Ⅲ 付帳實況簡介

檢查帳單

當你拿到帳單時，一定要檢查一下，以免被誤加了別人的帳。同時如果有不清楚的地方，不要怕向侍者或櫃枱詢問，有錯的話，餐廳方面會查明白。

在座位付帳

有侍者專門服務的餐廳，通常都在原位付帳。你只要說 "Check, please." 侍者就會送來帳單。給服務生的小費通常是總額的10～15％，你可以連餐費一起給他，或是臨走時，再放在桌上。

在收銀枱付帳

有的餐廳是在收銀枱會帳，這時你應該把小費放在桌上。也就是說你要在收銀枱付餐費，但應把小費交給爲你服務的侍者。

Ⅳ 付帳實用字彙

bill 〔bɪl〕 *n.* 帳單 （＝〔美〕check 飯館等的帳單）
treat 〔trit〕 *n.* 請客
go Dutch 各自付帳
check 〔tʃɛk〕 *v.* 檢查
tip 〔tɪp〕 *n.* 小費
keep the change 不用找零

4. 在酒吧
At the Bar

I 在酒吧實用語句

叫酒

1. Do you have a wine list? 你們有沒有酒單？

2. Show me a wine list, please. 請給我看酒單。

3. Is there any special local alcoholic beverages around this part of the country?

   這國家在這地方有沒有什麼特別的土產酒？

4. A | glass of draught | beer, please. 請來一 | 杯生 | 啤酒。
   | bottle of | | | 瓶 |
   | can of | | | 罐 |

5. Scotch with | water, | please. 請來杯 | 攙水威士忌。
   | soda, | | | 威士忌蘇打。

6. I'll have a vodka. 我要一杯伏特加。

7. Can I have a double scotch? No water.

   給我双份的蘇格蘭威士忌好嗎？不加水。

8. Two glasses of champagne, please. 請來兩杯香檳。

9. A bottle of beer with two glasses. 一瓶啤酒和兩個杯子。

10. Whisky and gingerale separately, please.

    請分別來威士忌和薑汁汽水。

11. | Another glass, | please. 請再來一杯。
    | The same again, |

12. Vermouth this time, please. 這次來杯苦艾酒。

13. Do you have a better one? 你們有好一點的嗎?

14. I want a | weak | cocktail. Will you mix me something?
          | strong |

   我要 | 淡 | 的雞尾酒,你幫我調好嗎?
       | 濃 |

在酒吧與人談話

1. Do you mind if I join you? 你介意我加入你們嗎?

2. Can I buy you a drink? 我可以請你喝一杯嗎?

3. It's very kind of you, but no thanks.
   你眞好,但是不要,謝謝。

4. Would you mind leaving me alone?
   你介意讓我獨自一個人嗎?

5. I'd rather not talk about that, if you don't mind.
   如果你不介意的話,我寧可不談那些事。

6. You're being very rude. 你很無禮。

7. Are there any interesting points to visit around here?
   這附近有沒有什麼好玩的地方?

敬酒

1. Bottoms up! 乾杯!

2. Cheers! 盡情地喝!

3. To your health! 祝你健康!

4. To our friendship! 爲我們的友誼乾杯!

II 在酒吧實況會話

At the Bar

在 酒 吧

（ **B** = Bartender 酒保 ， **T** = Tourist 觀光客 ）

T : A glass of champagne, please. 請來一杯香檳。

B : Here you are, sir. 給你，先生。

T : Thanks. 謝謝。

B : Are you a tourist？ 你是觀光客嗎？

T : Yes. 是的。

B : How long have you been here？ 你在這裏待多久了？

T : About five days. 大概五天。

B : Hmm, you must be getting tired of the tourist attractions by now. 嗯，你一定已經對那些觀光勝地感到厭煩了。

T : Well...are there any quiet places to visit around here？
嗯，這附近有沒有安靜的地方可去？

B : Hmm...let me think. Have you visited Marina del Rey？
嗯...讓我想想。你去過馬里納德瑞港嗎？

T : No, I haven't. 沒有。

B : You should go. A lot of tourists don't know about it yet.
你應該去，很多觀光客都還不知道那裏。

T : What kind of place is it？ 那是什麼樣的地方？

B : Well, it's a famous yacht harbor, and the restaurants there are excellent. 嗯，是個有名的遊艇專用港，而且那裏的餐廳棒極了。

T : Really？ 眞的嗎？

B: They serve great seafood. And if you're interested in marine sports, you can get nice equipment.

他們供應很棒的海產，你如果對海上運動有興趣的話，可以弄到很好的裝備。

T: That sounds good. I might give it a try.

聽來似乎不錯，我也許會試一試。

* bartender 〔 'bɑr,tɛndə 〕 n. 酒保；酒吧侍者
  attraction 〔 ə'trækʃən 〕 n. 吸引人的事物　　*by now* 已經
  Marina del Rey n. 是洛杉磯西海岸有名的遊艇專用港
  yacht 〔 jɑt 〕 n. 遊艇　　harbor 〔 'hɑrbə 〕 n. 港灣
  seafood 〔 'si,fud 〕 n. 海產　　marine 〔mə'rin〕 adj. 海的
  marine sports 海上運動　　equipment 〔 ɪ'kwɪpmənt 〕 n. 裝備
  That sounds good. 那似乎不錯。

Ⅲ在酒吧實況簡介

　　偶爾到酒吧小飲一番也不錯。通常酒保對當地都很熟，尤其是鎮上的酒保，如果和他聊起來，不妨問他附近那裏有好玩的地方，也許能找到旅遊手冊上沒有的世外桃源。

酒吧的種類

　　酒吧基本上是喝酒的地方，但也有不同的類型。例如 dance bar 或 go-go bar 主要是以跳舞為主，供應簡單的酒和清涼飲料。至於夜總會（night club）和 casino 裏雖設有酒吧，但前者是以看表演為主，後者則主要是賭博。此外英國人所說的 pub 是以喝啤酒為主的酒館，入口處會掛有黃色啤酒桶形的燈。

叫酒

　　通常叫酒只要說出要那種酒就可以了。但如果是叫威士忌，要指明那一種。威士忌一般指蘇格蘭產的蘇格蘭威士忌（Scotch whisky）和美國肯塔基州的布棒威士忌（bourbon whisky），點的時候要指明。如果要喝攙水威士忌，則說 "Scotch and water"（或 bourbon and water）；加蘇打水，則說 "Scotch and soda"；加冰則是 "～ on the rocks"。至於叫啤酒時如果人家問你："What kind?"（那一種？），你可以就代表性的幾種來回答，如 Budweiser, Schlitz, Miller, Coors 等。所謂生啤酒（draft beer），是比瓶裝啤酒（bottled beer）少了一道加溫的過程，並直接裝在桶中賣，味道自然不同。此外並非所有的 beer 都是酒，例如草根啤酒（root beer）就是一種由樹根或草根加炭酸做成的清涼飲料，不含酒精。

在酒吧與人談話

在酒吧和人談話時，如果被問及自己不想答的私人問題，不妨將話題岔開。如果對方對你糾纏不清，則應表示堅決的態度。一般來說，酒吧是個龍蛇混雜的地方，去的時候最好有人作伴。此外，所住的旅館如果設有酒吧，在裏面喝，也比較安全。

付帳

有的酒吧是點一次酒付一次帳，有的會寫在一張小紙片上。小費也要給，大約是一成左右。

Ⅳ 在酒吧實用字彙

bar〔bɑr〕*n.* 酒吧；吧臺　　　　tavern〔'tævən〕*n.* 酒店；客棧

pub〔pʌb〕*n.*〔英〕酒店　（＝public house）

saloon〔sə'lun〕*n.*〔美〕酒店；酒吧

wineshop〔'waɪn‚ʃɑp〕*n.* (以葡萄酒為主要飲料的)酒店

bartender〔'bɑr‚tɛndə〕*n.* 酒保；酒吧侍者

~~~~~~~~~~~~~~~~~~~~~~~~~~~~

whisk(e)y〔'hwɪskɪ〕*n.* 威士忌　Scotch whisky 蘇格蘭威士忌

bourbon〔'bʊrbən〕*n.* 布棒威士忌

brandy〔'brændɪ〕*n.* 白蘭地　　　martini〔mɑr'tini〕*n.* 馬丁尼

vodka〔'vɑdkə〕*n.* 伏特加　　　　champagne〔ʃæm'pen〕*n.* 香檳

gin〔dʒɪn〕*n.* 琴酒；杜松子酒　　rum〔rʌm〕*n.* 蘭酒

sherry〔'ʃɛrɪ〕*n.* 雪莉酒　　　　beer〔bɪr〕*n.* 啤酒

wine〔waɪn〕*n.* 葡萄酒　　　　　draft beer〔'dræft‚bɪr〕*n.* 生

white wine 白葡萄酒　　　　　　　啤酒（＝draught beer）

red wine 紅葡萄酒　　　　　　　bottled beer 瓶裝啤酒

vermouth〔'vɜmuθ‚vɚ'muθ〕*n.* 苦艾酒　canned beer 罐裝啤酒

Chapter 6

Making a Call 打電話

打電話
Making a Call

I 打電話實用語句

找電話、硬幣、電話簿

1. Is there a | public / pay | (tele)phone near here?

   這附近有公用電話嗎？

2. Do you have a coin for the phone? 你有沒有打電話的硬幣？

3. May I have change for the phone? 我可以換零錢打電話嗎？

4. Do you have a phone | book? / directory? | 你有沒有電話簿？

5. May I use your phone? 我可以用你的電話嗎？

問某人在不在

1. Hello, is Mr. Smith | in? / there? | 哈囉，史密斯先生在家嗎？

2. Is this Mr. Weber? 哈囉，是韋伯先生嗎？

3. | May / Can | I | speak / talk | to Mr. Baker?

   我可以跟貝克先生說話嗎？

4. | I'd like to speak to | Mr. Chen, please.
   | Get me |

   | 我想和 | 陳先生說話。
   | 請找 |

5. Is this | British Airways? | 這是 | 英國航空公司嗎？
            | 704-5525? | | 704-5525 嗎？

6. Is this the home of Mrs. Moore? 這是摩爾太太家嗎？

要找的人不在時 —— 問何時回來、到那裏

1. Do you know | when he will be back?
               | where he is going?
               | where I can reach him?
               | his office number?

   你知道 | 他什麼時候會回來嗎？
         | 他到那裏嗎？
         | 我在那裏可以找到他嗎？
         | 他辦公室的電話號碼嗎？

2. | What time | will he | be back?
   | When | is he expected to |

   他什麼時候會回來？

3. Will you give me his office number?
   你可以把他的辦公室號碼給我嗎？

留言

1. Can I leave a message for him? 我可以留話給他嗎？
2. Would you please take a message? 請你記下來好嗎？
3. Please tell her that David Lin from Taiwan called her.
   請告訴她台灣來的林大衞打電話給她。
4. And he'll call again around two o'clock.
   他會在兩點左右再打來。
5. Tell him I'll call him at 6 o'clock tonight.
   告訴他我會在今晚六點打給他。
6. I'll call back | at / around | 4:30. 我會在 | 四點半 / 四點半左右 | 再打來。

請對方回電

1. Will you ask her to call me back, please?
   請你叫她打給我好嗎？
2. This is Daisy Wang. Please ask him to call me back.
   這是王黛西，請叫他打給我。
3. My number is 700-0787. 我的號碼是 700-0787。
4. Please tell her to call me collect.
   請告訴她打對方付費電話給我。
5. I'm at the Hilton Hotel. The number is 331-4060,
   | Room / extension | 402.

   我在希爾頓飯店，號碼是 331-4060，轉 402 | 室。 / 分機。

* 對方的回答 *

1. Who are you calling, please？請問你要找誰？

2. I'll get him. | Hold the line, | please.
　　　　　　　 | Hold·on |
　　　　　　　 | Just a moment, |

　　我找他來，請等一下。

3. He is not | in | （now）. 他（現在）| 不在。
　　　　　　 | here | 　　　　　　　| 不在這裏。
　　　　　　 | available | 　　　　　　 | 不在。

4. He | just went out. | 他 | 剛剛出去。
　　　| happens to be out. | 　| 正好出去。
　　　| has just gone out. | 　| 剛剛出去。

5. He is at a conference. 他在開會。

6. He has a guest now. 他現在有客人。

7. He can't come to the phone now. 他現在不能來接電話。

8. May I ask | who this is？ | 可以請問你是誰嗎？
　　　　　　 | who's speaking？ |
　　　　　　 | who's calling？ |

9. He's due back a little after three.
　　他三點過一會兒就會回來。

10. He will be back | in 30 minutes. |
　　　　　　　　　 | after one hour. |

　　　他 | 三十分之內 | 就會回來。
　　　　 | 一小時後 |

11. I'll tell him as soon as he returns.
　　他一回來我就告訴他。

12. Please call him after 4 o'clock. 請在四點以後打給他。

13. Would you like to leave any message?
　　你要不要留話？

14. May I have you name and phone number, please?
　　我可以請問你的名字和電話號碼嗎？

15. May I have him call you back？ 我要叫他打給你嗎？

16. I'll have him call you later. 我叫他待會兒打給你。

17. I'm afraid you have a wrong number.
　　恐怕你打錯電話了。

18. What number are you calling？ 你打幾號？

＊ 接電話的人正是要找的人時 ＊

1. Speaking. 我就是。

2. This is ┌ he. ┐ 我就是。
　　　　　└ she. ┘

3. I will call you back in half an hour. 我半小時後打給你。

4. Thanks for calling. 謝謝你打電話來。

┌─────────┐
│ 聽不清楚時 │
└─────────┘

1. I beg your pardon？ 對不起，請你再說一次好嗎？

2. Would you please repeat that？ 請再說一次好嗎？

3. Please say it again. 請再說一次。

4. Would you speak ┌ a little louder? ┐ 請你說 ┌ 大聲 ┐ 一點好嗎？
　　　　　　　　　└ more slowly? ┘ 　　　└ 慢 　┘

與接線生通話

1. I'd like to

make	a local	call.
place	a long-distance	
	an overseas	
	a person-to-person	
	a station-to-station	
	a collect.	

我想打一個

市內	電話。
長途	
越洋	
叫人	
叫號	
對方付費	

* 在旅館打市內 (local) 電話有時須經過接線生。

2. I'd like to make an overseas call collect to Taipei, Taiwan. 我想打一通對方付費的越洋電話到台北，台灣。

3. The number is 02-700-0787. 號碼是 02-700-0787。

4. Could you ask them when she will be back? 你可以問他們她什麼時候回來嗎？

5. Can you call back later, and let me know the time and charge? 你可以待會兒再打來，告訴我時間和費用嗎？

6. Shall I answer the phone? 我要回電話嗎？

* **接線生的回答** *

1. What (is the) number? 幾號？

2. What number in Taiwan, please? 請問台灣的號碼？

3. Who are you calling? 你要打給誰？

4. May I have your name, please? 請問你的名字？

5. Hold the line, please. 請等一下。

6. The line is | busy. / engaged. | 講話中。

7. The party is on the line. 接通了。

8. Go ahead, please. 請講。

9. There is no reply. 沒有人接。

10. Shall I keep trying and let you know when I get her on the line? 要我一直打，等和她聯絡上了再打給你嗎？

請接線生轉接電話

1. Please connect me with information. 請給我接服務台。

2. This is Mary Lin speaking. Please connect me with Mr. Jones. 這是林瑪麗，請給我接瓊斯先生。

3. Operator, you gave me a wrong number.
   接線生，你給我接錯了。

問查號台

1. Can you get me the number for Mr. Smith, initials J.A.? He's in the Oakland area.
   你可以給我字首是 J.A. 的史密斯先生電話嗎？他住在奧克蘭區。

2. Is it 707-1413? 是 707-1413 嗎？

II 打電話實況會話(1)

Using a Payphone

使　用　公　共　電　話

（ **O** = **Operator** 接線生 , **T** = **Traveler** 旅行者 , **J** = **Mr. Jones** 瓊斯先生 , **S** = **Secretary** 秘書 ）

O : Deposit seventy-five cents for the first three minutes, please. 請投七十五分打前三分鐘 。

T : O.K. There you are. 噢 , 這裏 。

O : Thank you. Go ahead, please. 謝謝 , 請講 。

S : General Motors. Can I help you? 通用汽車公司 , 我能效勞嗎 ?

T : Yes. Is Mr. Jones there? 是的 , 瓊斯先生在嗎 ?

S : Please hold. 請等一下 。
I'm sorry, sir. Mr. Jones is out now. He's due back a little after two.
抱歉 , 瓊斯先生現在不在 , 他兩點過一會兒會回來 。

T : Oh, please tell Mr. Jones that Fu-ming Lin from Taiwan called him, and he'll call again around two thirty in the afternoon.
噢 , 請告訴瓊斯先生說 , 台灣來的林福明打電話給他 , 他會在下午兩點半左右再打來 。

S : O.K. 好 。

T : Thank you. 謝謝 。

T : Hello. Is Mr. Jones there?

哈囉，瓊斯先生在嗎？

J : Speaking. 我就是。

T : Hello, Mr. Jones, I'm Fu-ming Lin, I arrived two days ago. 哈囉，瓊斯先生，我是林福明，我兩天前到。

J : Oh, what a nice surprise! Where are you now?

喔，眞敎人驚喜！你現在在那裏？

T : I'm staying at the Hilton Hotel. I'd like to see you. When can we meet?

我現在在希爾頓飯店，我想見你，我們什麼時候可以碰面？

J : Oh, I'm busy till four o'clock this afternoon. You can come any time after four.

噢，我要忙到今天下午四點，你四點過後任何時間都可以來。

T : Then I'll call on you at four thirty.

那麼我四點半去拜訪你。

J : Can you find my place? I'll be glad to send someone to pick you up.

你找得到我的地方嗎？我樂意派人去接你。

T : No, thank you. I can find the place. See you later.

不，謝謝，我可以找到地方，再見。

J : See you later. 再見。

---

* *call on* 拜訪　　*pick up* 搭載

II 打電話實況會話(2)
Making an Overseas Call
打 越 洋 電 話

（ **O** = **Operator** 接線生 , **P** = **Passenger** 旅客 ）

O : Operator. 接線生。

P : I'd like to make an overseas call collect to Taipei, Taiwan. 我想打一通對方付費的越洋電話到台北,台灣。

O : What's the number？ 號碼是什麼？

P : The number is 700-0787. 號碼是 700-0787。

O : Who are you calling？ 你要打給誰？

P : Beg your pardon？ 對不起,請再說一遍。

O : Please tell me the name of the person you are calling. 請告訴我你要打的人的名字。

P : Mr. Cheng-ming Wang. That's W-A-N-G. 王正明先生,W-A-N-G。

O : Your name, please. 請說你的名字。

P : My name is Wen-chin Li. 我叫李文欽。

O : All right. Hold the line, please. Mr. Li, there's no reply. Shall I keep trying and call you when I get him on the line？ 好。請不要掛斷電話。李先生,沒有人接,要我一直試打等我聯絡上他再叫你嗎？

P : Yes, please. 是的,麻煩你。

Ⅲ 打電話實況簡介

打公共電話

　　在國外如果不是有熟人，想打電話就必須到公共電話亭去。而隨著國家和城市的不同，公共電話的設計也不盡相同。美國的公共電話有五分、十分和二十五分的投幣口，英國分為兩便士和十便士，我國本來只有一元的，現在也加上五元、十元的投幣口，以方便打長途電話。

　　在公共電話上打市內電話（local call），通常限時三分鐘，三分鐘過後就會自動切斷。如我國、日本、英國都這樣，但美國不然。他們的市內電話往往可以一直講下去，否則接線生也會通知你多放一點錢。至於打長途電話也是先投幣、撥區域號碼（area code）、再撥對方的電話號碼，但接著就會有接線生出來告訴你頭三分鐘要放多少錢，而且超過三分鐘或錢不夠了也會通知你，所以不必一直投幣，也不必擔心隨時會被切斷。這是美國公共電話的特點；通常公共電話亭裏會貼有使用辦法，你可以先看一下。

打長途電話

　　長途電話基本上有所謂的叫號電話（station-to-station call），叫人電話（person-to-person call），及對方付費電話（collect call）以下分別介紹：

▲ 叫號電話：不指定某一個人接電話，只要有人接聽，就開始計費。

▲ 叫人電話：指定某人接聽，若被指名的人不在，就不計費。費用較前者高。

▲ 對方付費電話：指定電話費由收話的對方付。如果你在外旅遊，既想掛電話回家，但又不想多花旅費，就不妨打對方付費電話。

　　打國內長途電話可以直接撥號，而現在即使是打國外長途電話（over-seas）也可以不經接線生而直撥，但有的地方還是要由接線生轉接

打國際電話

　　分接線生轉接及直撥兩種：

1.由接線生轉接：由接線生轉接時，必須告訴他下列幾點：

▲ 對方的國名及居住地。如Taipei，Taiwan。

▲ 對方的區域號碼及電話號碼。如(台北) 02-700-0787。

▲ 電話的種類。要告訴他是叫號電話或叫人電話，而如果要對方付費，當然也要說。

▲ 自己的姓名、電話號碼。如果你是在公共電話亭打，就要說出該公共電話機的編號。

　　但如果是打叫人電話或對方付費電話，則必須再告訴他：

▲ 對方的姓名。在此情形下如果是打國內長途電話，也要說出這五點。

2.直接撥號：直接撥號的順序是：國際冠碼(002)＋國碼＋區域號碼＋對方的電話號碼。因此你如果要直接撥號，就要先查明對方的國碼及區域號碼。另外則要注意以下兩點：

▲ 依序撥完全部號碼後，如等待三十秒，仍未聽到接通的鈴聲或嘟嘟聲，要立即掛斷，稍候再撥。

▲ 通話完畢後，務必將聽筒放回正確位置，以免因未掛斷而繼續計費。

　　最後，打國際電話要注意時差，可能在國外是白天，而在我國卻是深夜；因此如果想打國際電話，最好先準備一份世界時刻表，看好對方方便的時刻再打。（關於各國國碼及時差表請看下二頁；時刻對照表請看 P.308，附錄2）

不知道對方電話號碼時

　　在我國若不知道對方的電話號碼，可以打查號台，但只限於問某某公司或機構，不能查某人的電話號碼；但在美國只要撥「0」給接線生，告訴他對方的姓名及所住地區後，他就會幫你查出來。此外如果有電話簿，則不妨自己查查看。

使用電話簿

　　若對打電話有問題，除了向接線生請教外，電話簿是最好的資料來源。因爲電話簿上會載有區域號碼，直撥國際電話的國碼、打法，及計費方法等，可善加利用。至於外國電話簿的內容跟這裏一樣分爲兩種：一種是分類電話簿，也就是美、英、加拿大等國所稱的 "黃頁"（yellow pages）；一種則是按阿拉伯字母排定姓名順序的住電話簿，也叫白頁（white pages），但要注意姓是放在名字的前面。例如Mary Brown 變成 Brown，Mary。

Ⅳ 打電話實用字彙

telephone〔'tɛlə,fon〕*n.* 電話　　telephone booth（box）公共電話亭

telephone number電話號碼　　　telephone book(directory)電話簿

area code〔'ɛrɪə ,kod〕*n.* 區域號碼　pay（public）phone 公共電話

yellow pages〔'jɛlo 'pedʒɪz〕*n.* 黃頁〔分類部〕(↔white pages 住宅部〕

local call〔'lokḷ 'kɔl〕*n.* 市內電話

long-distance call〔'lɔŋ 'dɪstəns 'kɔl〕*n.* 長途電話(＝〔美〕toll

overseas call〔'ovɚ'siz 'kɔl〕*n.* 國際〔越洋〕電話　　　　　call〕

station-to-station call〔'steʃən tə 'steʃən 'kɔl〕*n.* 叫號電話

person-to-person call〔'pɝsən tə 'pɝsən 'kɔl〕*n.* 叫人電話

collect call〔kə'lɛkt 'kɔl〕*n.* 對方付費電話

operator〔'ɑpɚ,retɚ〕*n.* 接線生；總機

directory assistance〔də'rɛktərɪ ə,sɪstəns〕*n.* 查號台

go ahead 請說話　　　Wrong number. 打錯號碼。

hold on 不要掛斷　　*hang up* 掛斷

Line's busy. 講話中。(＝〔英〕Number's engaged.)

各國國碼與台灣的時差表

受　話　地　點	國碼	與台灣的時差	受　話　地　點	國碼	與台灣的時差
中華民國	866	0	西德	49	−7
馬來西亞	60	0	奈及利亞	234	−7
菲律賓	63	0	葡萄牙	351	−7
新加坡	65	0	盧森堡	352	−7
香港	852	0	奧地利	43	−8
澳門	853	0	英國	44	−8
澳洲	61	0～+2	象牙海岸	225	−8
印尼	62	−1～+1	愛爾蘭	353	−8
印度	91	−2:30	冰島	354	−8
斯里蘭卡	94	−2:30	阿根廷	54	−11
阿拉伯聯合大公國	971	−4	巴西	55	−11
科威特	965	−5	加拿大	1	～11:30～−17
沙烏地阿拉伯	966	−5	波多黎各、千里達	1	−12
北葉門	967	−5	百慕達	1	−12
埃及	20	−6	智利	56	−12
南非共和國	27	−6	委內瑞拉	58	−12
希臘	30	−6	玻利維亞	571	−12
西南非	264	−6	巴拉圭	595	−12
馬拉威	265	−6	牙買加、多明尼加	1	−13
賴索托	266	−6	巴拿馬	507	−13
史瓦濟蘭	268	−6	美國	1	−13～−16
荷蘭	31	−7	墨西哥	52	−14
比利時	32	−7	哥斯達黎加	506	−14
法國、摩納哥、安道耳	33	−7	夏威夷、阿拉斯加	1	−18
西班牙	34	−7	日本	81	+1
義大利	39	−7	韓國	82	+1
丹麥	45	−7	關島	671	+2
瑞典	46	−7	紐西蘭	64	+4
挪威	47	−7	東加	676	+5

例：台灣標準時間上午九點即日本上午十點（+1）。

Chapter 7

At the Bank & Post Office

在銀行與郵局

1. At the Bank
在銀行

I 在銀行實用語句

在銀行實用語句

| 詢問銀行的地點、開放時間及兑換處 |

1. Where is the nearest bank？ 最近的銀行在那裏？

2. What time | does the bank | open？
               | is the bank | close？
               | do you |

| 銀行 | 什麼時候 | 開門？
| 你們 | | 關門？

3. How late is the bank open？ 銀行開到多晚？

4. Where can I change some money？ 我要在那裏換錢？

5. Where can I cash a traveler's check？
   我要在那裏兑現旅行支票？

6. Can I cash a traveler's check here？
   我可以在這裏兑現旅行支票嗎？

| 兑換貨幣 |

1. Can I change New Taiwan dollars into | U.S. dollars？
                                          | British pounds？
                                          | Japanese yen？

我可以把新臺幣換成 | 美金／英鎊／日幣 | 嗎？

2.　| I'd like to |　change HK$ two thousand into U.S. dollars.
　　| Please |

　| 我想 |　把兩千元港幣換成美金。
　| 請 |

詢問滙率

1. How many HK$ dollars to a U.S. dollar?
　美金一元換港幣幾元?

2. How many dollars for　| NT$ one thousand? |
　　　　　　　　　　　| one hundred thousand yen? |

　| 台幣一千元 |　換多少美金?
　| 日幣十萬元 |

3. What's the　| exchange rate |　for　| NT? |
　　　　　　　| rate of exchange |　　　| Yen? |

　| 台幣 |　和美金的滙率是多少?
　| 日幣 |

4. What's today's　| exchange rate? |　　今天的滙率是多少?
　　　　　　　　　| rate of exchange? |

5. Could you let me know the rate of exchange?
　你可以告訴我滙率多少嗎?

兌現旅行支票

1. Can you cash these traveler's checks for me?
　你可以幫我把這些旅行支票兌現嗎?

2. I'd like to cash this traveler's check, please.
   我想請你兌現這張旅行支票。

缺少證件時

1. I don't have any identification with me.
   我沒有帶任何證件。

2. I've got my driver's license, if that'll do.
   我有駕照，如果可以的話。

3. What about my VISA card? Will that do?
   我的VISA卡如何？那可以嗎？

4. I'm staying at the Hilton Hotel. You can call up and
   check, if you like.
   我住在希爾頓飯店，如果要的話，你可以打電話來查。

換零錢

1. Can you change this | bill | for me?
                        | ten-dollar bill |

   你能替我換這張 | 鈔票 | 嗎？
                  | 十元鈔票 |

2. Can you give me | change for twenty dollars? |
                   | some small change? |

   你能 | 把這二十元換成小鈔 | 嗎？
        | 給我一些零錢 |

3. Can you break this bill into small change?
   你能把這張鈔票換成小鈔嗎？

說出所要零錢的種類及數量

1. Can you give me twenty dollars in ones?
   你能給我二十塊錢的一元嗎？

2. I would like
   | ten dollars worth of nickles. |
   | one hundred dollars worth of singles. |

   我想換
   | 十塊錢的五分。 |
   | 一百塊錢的一元。 |

3. I need change for a dollar. Three quarters, two dimes, and a nickel, please.
   我需要換一元的零錢；三個二角五，兩個一角和一個五分。

4. In five dollar bills, one dollar bills and some small change, please. 請換成五元鈔票，一元鈔票和一些零錢。

5. Four tens, ten fives, and the rest in
   | singles, |
   | ones, |
   please.

   請給我四張十元，十張五元，剩下的一元。

6. I need some quarters and dimes.
   我需要一些二角五和一角。

請求確定金額

1. Are you sure the amount is correct?
   你確定數目對嗎？

2. Can you check this figure again, please?
   請你再把這數目算一次好嗎？

II 在銀行實況會話(1)
Changing Currency
兌　換　貨　幣

（ T＝Tourist 觀光客；B＝Bank Clerk 銀行職員 ）

T： I'd like to change two thousand and five hundred HK$ into U.S. dollars, please. What's today's rate?
　　 我想把二千五百元港幣換成美金，今天的滙率是多少？

B： Eight HK$ to a U.S. dollar.
　　 港幣八元對美金一元 。

T： O.K.　好 。

B： Just sign this form. 請簽這張表 。

T： Is that O.K.?　這樣好了嗎？

B： That's fine. Here you are, sir. Three hundred and twelve dollars and fifty cents.　Count it, please.
　　 很好 。這給你，先生，三百一十二元五角，請算算 。

T： Yes, it's correct. Could you change this ten-dollar bill for me?
　　 好，沒錯 。你能換這張十元鈔票給我嗎？

B： Sure. How would you like it?
　　 當然 。你要怎麼換？

T： Two fives.
　　 兩張五元 。

B： There you go.
　　 這裏 。

T : Thank you.　謝謝 。

B : You're welcome.　不客氣 。

* ***change ~ into*** ⋯ 把～換成⋯
  dollar〔ˈdɑlɚ〕*n.* 元（美國、加拿大、香港等的貨幣單位）
  today's rate *n.* 今天的滙率　　***Count it, please.*** 請算一算。
  bill〔bɪl〕*n.* 紙幣
  How would you like it ?　你要怎麼換（這張紙幣）?
  There you go.　這給你。

II 在銀行實況會話(2)
Cashing Traveler's Checks
兌　現　旅　行　支　票

（ **T** = **Tourist** 觀光客 , **B** = **Bank Clerk** 銀行職員 ）

T : Good morning. Can you cash these traveler's checks for
me ?　早安 , 你可以幫我把這些旅行支票兌現嗎 ?

B : Certainly. How much do you want to cash ?
當然 。你要換多少 ?

T : Seventy dollars.　七十元 。

B : Fine. May I see your passport, please ?　Thank you.
Please sign each check.
好 。請讓我看你的護照好嗎 ? 謝謝 。請在每一張支票上簽名 。

T : How's that ?
這樣好嗎 ?

B : That's fine. How do you want it ?
那很好 。你要換什麼 ?

T : Five tens, and the rest in ones, please.

請給五張十元,其他的一元。

B : Ten, twenty, thirty, forty, fifty...and twenty singles.

十,二十,三十,四十,五十…和二十張一元。

T : Thank you. Oh, and I need some quarters and dimes. Could you change this bill for me?

謝謝。喔,我還需要一些兩角五和一角。你能把這張鈔票換給我嗎?

B : Sure. Here you are.

當然,這給你。

T : Thank you.

謝謝。

---

* cash 〔kæʃ〕*v.* 兌現(兌成現金)

traveler's checks *n.* 旅行支票

Please sign each check. 請在每一張(旅行)支票上簽名。

How's that? 這樣如何?　　single 〔'sɪŋgl〕*n.* 一元(= one)

quarter 〔'kwɔrtɚ〕*n.* 〔美、加〕二分五角的銀幣

dime 〔daɪm〕*n.* 〔美、加〕一角的銀幣

Ⅲ在銀行實況簡介

　　國外旅行的兩大必需品除了護照以外，就是錢，這可以包括本國的貨幣、美金和旅行支票，而且兌換的時候要出示護照。

兌換貨幣

　　你到一個國家後，如果要換當地的貨幣，可以持美金及旅行支票在免稅商店或銀行換。另外如果要用本國的貨幣換美金，則本國貨幣必須是世界性的通貨，像台幣就不是。此外雖然在香港或韓國某些地方會收台幣，但其他地方就不收，因此你出國前要換好美金。

　　兌換貨幣要根據滙率，而且每天的滙率都會有些變動，在兌換的時候不妨注意一下。此外也最好告訴他你需要的面額及數量。

美國的貨幣

　　美國的紙鈔有一百元、五十元、二十元、十元、五元、二元及一元的。但每種都是一樣大小、一樣顏色，因此你在用的時候最好不要把大鈔和小鈔混在一起。此外高面額紙鈔使用較不方便，有些商店甚至不准使用，所以最好到銀行換二十元以下的鈔票。

換零錢

　　換錢的時候要知道怎麼說。如一元紙幣叫 "one"，五元紙幣叫 "five" 或 "fiver"。若是要換五張二十元鈔票時，就要說 "five twenties"。至於硬幣雖然有一元（silver dollar）及五角（half dollar），但較少用。一般都用二十五分（quarter）、十分（dime）、五分（nickel）及一分（penny）。

使用旅行支票

　　出國旅遊使用旅行支票，要比直接攜帶現金來得方便、安全多了。旅行支票的面額分十元、二十元、五十元、一百元、二百元、五百元及一千元。你買旅行支票時，要付給銀行手續費，佔總額的百分之一。

　　買了旅行支票後，最好把每張支票的號碼和購買日期抄錄下來，另外存放。以防萬一遺失時，便於申請補發。另外，在每張旅行支票的上面和下面各有一欄簽名的地方。下面一欄是使用時簽名用，簽了名就撕給對方；上面一欄則是用來簽名識別。因此你拿到旅行支票後，最好在每張的上面一欄都簽上名字，這樣別人就不容易冒用。

　　旅行支票可以說是和現金一樣有效，許多大的飯店、商店等都很樂意接受。但有的地方還是不收，所以必要時還是得把旅行支票兌成現金。此外在使用時，最好多準備一點面額較小的，以免找錢麻煩。而如果你被要求出示護照，但又忘了帶時，可以用國際信用卡來代替。

Ⅳ 在銀行實用字彙

bank〔bæŋk〕*n.* 銀行

currency〔'kɝənsɪ〕*n.* 通貨

exchange rate; rate of exchange〔ɪks'tʃendʒ,ret;'ret əv ɪks'tʃendʒ〕*n.* 匯率

bill; paper money〔bɪl;'pepɚ,mʌnɪ〕*n.* 紙幣

coin〔kɔɪn〕*n.* 硬幣

traveler's checks〔'trævəlɚz,tʃɛks〕*n., pl.* 旅行支票

cash〔kæʃ〕*v.* 兌現

change〔tʃendʒ〕*v.* 換 *n.* 零錢

receiving〔rɪ'sivɪŋ〕*n.* 收款

paying〔'peɪŋ〕*n.* 付款

loan〔lon〕*n.* 放款

deposit〔dɪ'pɑzɪt〕*n.* 存款

~~~~~~~~~~~~~~~~~~~~~~~~~~~~~~~~

U.S. dollar 美金

greenback〔'grin,bæk〕*n.* 美鈔

quarter〔'kwɔrtɚ〕*n.* 〔美〕二角五分（銀幣）

dime〔daɪm〕*n.* 〔美〕一角（銀幣）

nickel〔'nɪkl̩〕*n.* 〔美〕五分（鎳幣）

penny〔'pɛnɪ〕*n.* 〔美加〕一分（銅幣）；〔英〕便士

cent〔sɛnt〕*n.* 分

2. 在郵局
At the Post Office

I 在郵局實用語句

詢問郵局的地點、開放時間及各項辦事處

1. Where is the nearest post office?
   最近的郵局在那裏?

2. Where can I buy stamps to send a letter to Taiwan?
   我要在那裏買郵票寄信到台灣?

3. I'd like to send this to Taiwan. Which line should I get in? 我想把這個寄到台灣,我該排那一行?

4. Where can I buy the stamps?
   我要在那裏買郵票?

5. Where is the mail box?
   郵箱在那裏?

6. Where can I have this money order cashed?
   我要在那裏換這張匯票?

    * money order *n.* (郵政)匯票(= postal money order)

說出郵寄的方式

1. I'd like to send this | letter / parcel / postcard | air / surface / sea | mail to Taiwan.

   我想把這 | 信 / 包裹 / 明信片 | 用 | 航空 / 水陸 | 寄到台灣。

                     * 美國不用 sea mail。

2. Please send this（parcel）
```
registered.
C.O.D.
```

請用
```
掛號
貨到收款
```
寄這個（包裹）。

* C.O.D. cash（collect）on delivery 依貨到收款之約送貨

3. I want this letter sent by special delivery.
   這封信我要寄限時專送。

4. I'd like to insure this package, please.
   這個包裹我想投保險。

5. This is fragile. How can I send this?
   這會破，我要怎麼寄？

詢問郵資

1. How much will it cost?　要多少錢？

2. How much is it to send
```
a registered letter
an express letter / package
```
to

   Taiwan?　寄
```
掛號信
限時信 / 包裹
```
到台灣要多少錢？

3. How much does it cost to send a
```
letter
package
```
（by）

```
air mail?
surface mail?
registered mail?
special delivery?
```
用
```
航空
水陸
掛號
限時專送
```
寄
```
信
包裹
```
要多少錢？

4. What is the charge for this parcel?
寄這包裹要多少錢?

問多久才到

1. How long will it take | by surface mail?
| to reach Taiwan?

| 平寄 | 要多久?
| 寄到台灣 |

2. When will this parcel reach the United States?
這個包裹什麼時候會寄到美國?

說明信、包裹所含東西的種類

1. This letter contains printed matter.
這封信裏面是印刷品。

2. Shall I send this unsealed?
我寄的時候不封起來嗎?

3. There are | books | in it. 裏面是 | 書。
| printed matter | | 印刷品。

4. It's | a gift. | 那是 | 禮物。
| clothes. | | 衣服。

秤重、詢問是否超重

1. Please weigh this parcel. 請秤這個包裹。

2. Is this letter overweight?
這封信有沒有超重?

買郵票、滙票、航空郵簡

1. | Twenty-five cent | stamps, please.
   | Fifteen-cent |

   請給我 | 二十五分 | 的郵票。
   | 十五分 |

2. | I want | a money order for twenty dollars.
   | I would like to buy |

   我 | 要 | 一張二十元的滙票。
   | 想買 |

3. I'd like four aerograms.

   我要四張航空郵簡。

Ⅱ 在郵局實況會話
At the Post Office
在　郵　局

（ P ＝ Post Office Clerk 郵局職員，T ＝ Tourist 觀光客 ）

P : Good morning. May I help you?

　　早安，我能幫忙嗎？

T : I want to send these three letters by airmail to Taiwan, please. And I'd like three aerograms, too.

　　我想把這三封信用航空寄到台灣，還要三個航空郵簡。

P : Sure. It's forty cents for each half-ounce letter, and thirty cents for each aerogram, totaling two dollars and ten cents.

　　好。半盎斯重的信每封四十分，航空郵簡一個是三十分，總共兩元十分。

T : Oh, I nearly forgot. How much is it to send this parcel to Taiwan?

　　喔，我幾乎忘了，把這包裹寄到台灣要多少錢？

P : Do you want to send it by airmail, or by surface mail, which takes more time to deliver but costs less?

　　你想用航空還是水陸？水陸時間比較久，但花費比較少。

T : Airmail, please.

　　請寄航空。

P : Then would you fill out this declaration form for customs?
Write the contents of the parcel in this space, and mark
in this space if it is a gift.

　　那請你填這張關稅申報單好嗎？把包裹的內容寫在這個空格上，
　　如果是禮物的話，就在這個空格上做記號。

T : Yes, it is a gift for my brother.

　　是的，那是給我哥哥的禮物。

P : Also, please write the value of the items in this space.

　　也請你在這個空格寫上東西的價錢。

T : Is this O.K.?

　　這樣好了嗎？

P : Yes, that's fine. That'll be ten dollars.

　　是的，那樣很好，要十元。

＊ ***by airmail*** 用航空　　　aerogram〔'eərə‚græm〕*n.* 航空郵簡
ounce〔aʊns〕*n.* 盎斯　　　parcel〔'pɑrsḷ〕*n.* 包裹；小包
surface mail *n.* 普通郵件（與航空郵件相對的陸路或水路郵件）
deliver〔dɪ'lɪvɚ〕*v.* 遞送
declaration form for customs *n.* 關稅申報單
content〔'kɑntɛnt, kən'tɛnt〕*n.*〔常用 *pl.*〕內部所有之物
space〔spes〕*n.* 空格　　　mark〔mɑrk〕*v.* 做記號

Ⅲ在郵局實況簡介

在國外旅行，買點禮物和當地的特產回去是很自然的事。但如果所買的東西較重，不易攜帶，而又還有相當時間才會結束旅程時，就不如考慮花點郵資，把東西交給郵局，讓他們幫你送回家，同時也可以寄張短簡或明信片，跟家人報個平安。

航空信封的寫法

基本上航空信封和一般信封寫法一樣，有三部分：

1. 寄信人姓名、地址寫在信封左上角。
2. 收信人姓名、地址寫在中央或右下方。
3. 郵票（由右往左、再往下）貼在右上角。

但是其實收信人的名字和住址可以用中文寫，只是 "Taiwan" 要寫清楚。另外要在信封上明顯的地方註明 " AIR MAIL "，只要有這兩個字，信就可以安然寄到台灣，接著按中文地址就可以送到目的地了。以下是一張航空信封的格式：

Mr. P. Chan,
206 Queen's Road West,
New York,
U.S.A.

Mr. John Lee
No. 11, 4F, Lane 200,
Tung Hwa Street,
Taipei, Taiwan,
R.O.C.

AIR MAIL

郵寄的方式

　　在國外寄信回國通常都寄航空（air mail），因爲寄船運（seal mail，surface mail）要花數月的時間才到。這樣信寄到的時候就已經失去時效了，所以寄航空是很平常的。除了航空、船運外，還有限時**專送**（express，special delivery）及掛號（registered mail）等方式。

寄包裹、印刷品

　　寄包裹須先稱重以決定郵資。包裹的內容也須註明，並塡寫關稅申報單。如果怕包裹在郵寄過程中損壞或遺失，可以買保險。

郵票

　　郵票除了在郵局購買以外，也可以在書攤、煙店、藥房、車站的零售店和旅館的郵票販賣機買到。此外郵局也出售印有郵票的平信信封、航空信封和航空郵簡，可以省掉買郵票的手續。

郵筒

　　郵筒通常設在街上的轉角處，而旅館、大廈中的郵箱也具有同樣的功能。一般旅館都有郵遞的服務，你可以把信投入郵箱，也可以請旅館代爲投遞。此外，在旅館停留期間，如果和人有信件往來，別忘了向櫃枱詢問。

Ⅳ 在郵局實用字彙

post office〔'post ,ɔfɪs〕*n.* 郵局

mailbox〔'mel,bɑks〕*n.* 郵箱

pillar box〔'pɪlə,bɑks〕*n.* 〔英〕（圓柱形）郵筒

~~~~~~~~~~~~~~~~~~~~~~~~~~

letter〔'lɛtə〕*n.* 信

postcard〔'postkɑrd〕*n.* 明信片

package；parcel〔'pækɪdʒ；'pɑrsḷ〕*n.* 包裹

printed matter〔'prɪntɪd ,mætə〕*n.* 印刷品

~~~~~~~~~~~~~~~~~~~~~~~~~~

airmail〔'ɛr,mel〕*n.* 航空（郵件）

surface mail〔'sɝfɪs,mel〕*n.* 普通（郵件）

sea mail〔'si,mel〕*n.* 船運

special delivery；express〔'spɛʃəl dɪ'lɪvərɪ；ɪk'sprɛs〕*n.*
限時專送；快遞

registered mail〔'rɛdʒɪstəd ,mel〕*n.* 掛號郵件

~~~~~~~~~~~~~~~~~~~~~~~~~~

stamp〔stæmp〕*n.* 郵票　postage〔'postɪdʒ〕*n.* 郵資

envelope〔'ɛnvə,lop〕*n.* 信封

address〔ə'drɛs，'ædrɛs〕*n.* 地址　forward〔'fɔrwəd〕*v.* 轉遞

sender；remitter〔'sɛndə；rɪ'mɪtə〕*n.* 發信人；發貨人

receiver；addressee〔rɪ'sivə；,ædrɛs'i〕*n.* 收件人

zip code〔'zɪp ,kod〕*n.* 郵遞區號　money order 匯票

aerogram〔'eərə,græm〕*n.* 航空郵簡 （＝air letter）

Chapter 8

Asking the Way 問路

問 路
Asking the Way

I 問路實用語句

詢問目的地在那裏

1. I am looking for the Tower of London. 我在找倫敦塔。

2. Do you know where it is? 你知道在那裏嗎？

3. Is there $\boxed{\begin{array}{c} a \\ any \end{array}}$ post office near here? 這附近有郵局嗎？

4. Where's the nearest bank? 最近的銀行在那裏？

5. Where can I find a pay phone? 那裏有公共電話？

6. Is this where I get the downtown bus?
   這裏是搭往商業區巴士的地方嗎？

7. Which side of the street is it on? 在街的那一邊？

路人的回答

It is	at the end of the street.	在	街尾。
	around the corner.		轉角附近。
	near the intersection.		路口附近。
	on the left side of the street.		這條街的左邊。
	across the street.		對面。

問往那裏走

1. Excuse me, but ┌─────────────┐ me the way to the art
　　　　　　　　　│ could you show │
　　　　　　　　　│ will you tell │
　　　　　　　　　└─────────────┘

   museum? 對不起，請你告訴我美術館往那裏走好嗎？

2. ┌──────────────────┐　┌─────────────────────┐
　 │ Would you please tell me │　│ which way is the train │
　 │ May I ask you │　│　　　station? │
　 └──────────────────┘　│ where the restroom is? │
　　　　　　　　　　　　　　└─────────────────────┘

   ┌──────────┐　┌────────────┐
   │ 請你告訴我 │　│ 火車站往那裏走 │　嗎？
   │ 我可以問你 │　│ 洗手間在那裏 │
   └──────────┘　└────────────┘

3. How ┌──┐ I ┌──────────────────┐ 我怎麼到 ┌──────────┐
　　　　│ do │　│ get to Disneyland? │　　　　　│ 狄斯耐樂園？ │
　　　　│ can │　│ get there? │　　　　　　　　│ 那裏？ │
　　　　└──┘　　└──────────────────┘　　　　　└──────────┘

4. Is the museum ┌──────────────┐ 博物館 ┌────────┐ 嗎？
　　　　　　　　　│ this way? │　　　　│ 往這邊走 │
　　　　　　　　　│ on this street? │　　│ 在這條街上 │
　　　　　　　　　└──────────────┘　　　└────────┘

5. Is this the (right) way to the airport? 這是往機場的路嗎？

6. In which direction should we go? 我們該走那個方向？

7. Where does this ┌──────┐ lead to? ┌──────┐ 通往那裏？
　　　　　　　　　　│ way │　　　　　　│ 這條路 │
　　　　　　　　　　│ street │　　　　　│ 這條街 │
　　　　　　　　　　└──────┘　　　　　　└──────┘

8. Does it lead to Central Park? 它通往中央公園嗎？

9. Is this street a ┌────────────┐
　　　　　　　　　　│ dead end? │
　　　　　　　　　　│ through street? │
　　　　　　　　　　└────────────┘

   這條路 ┌──────────┐ 嗎？
　　　　　│ 是個死路 │
　　　　　│ 可以走得通 │
　　　　　└──────────┘

10. Can I get out at the other end of this street?
    我可以從這條街的另外一頭走出去嗎?

11. What's the best way to go there?
    到那裏最好走什麼路線?

12. Is this the shortest way (to the park)?
    這是(到公園)最快的路嗎?

13. Must I go straight? 我要直走嗎?

14. Do I | turn right or left?
         turn right at the traffic lights?
         cross over the road?

    我要 | 右轉還是左轉?
         在紅綠燈的地方右轉嗎?
         穿過馬路嗎?

15. How many | stop | lights until I turn?
              traffic

    我要走幾個紅綠燈才轉彎?

路人的指示

1. Go straight on. 直走。

2. Go straight on this street.
   在這條街上直走。
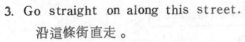

3. Go straight on along this street.
   沿這條街直走。

4. Go along the river.
   沿著河走。
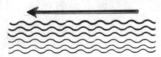

5. Go | up | the | slope.
        | down | | hill. |

| 上坡。 |
| 下坡。 |

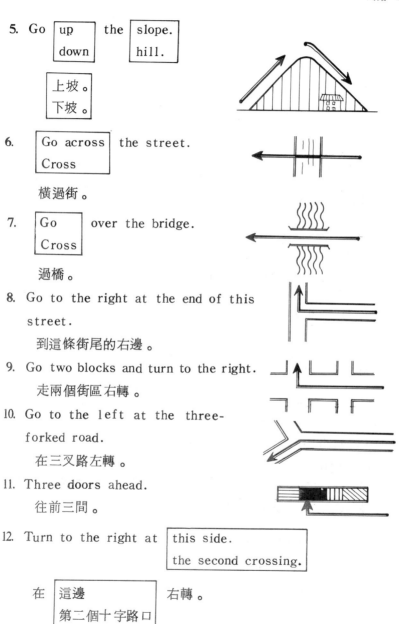

6. | Go across | the street.
   | Cross |

橫過街。

7. | Go | over the bridge.
   | Cross |

過橋。

8. Go to the right at the end of this
   street.

到這條街尾的右邊。

9. Go two blocks and turn to the right.

走兩個街區右轉。

10. Go to the left at the three-
    forked road.

在三叉路左轉。

11. Three doors ahead.

往前三間。

12. Turn to the right at | this side.
                        | the second crossing. |

在 | 這邊 | 右轉。
   | 第二個十字路口 |

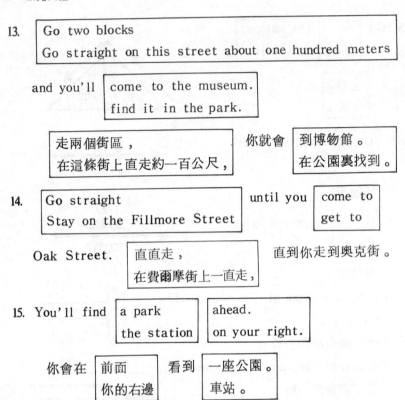

13. Go two blocks
Go straight on this street about one hundred meters

and you'll come to the museum.
find it in the park.

走兩個街區，
在這條街上直走約一百公尺，

你就會 到博物館。
在公園裏找到。

14. Go straight
Stay on the Fillmore Street

until you come to
get to

Oak Street. 直直走，
在費爾摩街上一直走，

直到你走到奧克街。

15. You'll find a park
the station

ahead.
on your right.

你會在 前面
你的右邊

看到 一座公園。
車站。

16. Turn left here, and go straight on for several blocks, and
turn right on Elk Street. Jackson is the second one on
the right.

在這裏左轉，往前走幾個街區，然後在艾爾克街右轉，傑克森街
就是右邊第二條街。

17. You've come too far. Go two blocks back.
the wrong way.

你 走太遠了，
走錯方向了，

往回走兩個街區。

18. You should turn right at the next stop light and go about
another two miles until you see a McDonald's. The police
station is directly across the street.

　你應該在下個紅綠燈右轉，再走大約兩哩,直到看到一家麥當勞，
警察局就在正對面。

19. You can easily find it. 你可以很容易地找到。

20. You can see it from here. 你可以從這裏看到。

21. You can't miss it. 你不會找不到。

22. | Follow |
| Come with |
me, I'll show you the way. 跟我來，我帶路。

23. I'll take you part of the way. 我帶你到半路。

24. | I'm sorry, |
| Sorry, |
I don't know. 抱歉，我不知道。

25. I've never been here before. 我以前沒有來過這裏。

26. I am | a (total) stranger here myself. |
| new here. |

　我對這裏（完全）陌生。

27. You'd better ask someone else. 你最好問別人。

28. Ask the | policeman | over there.　問那邊那個 | 警察。 |
| peddler | | 小販。 |

用地圖問・請人畫圖

1. Will you show me on this map?
你可以用這張地圖告訴我嗎？

2. Please

| point out | where | I am | on | this map. |
| tell me | | it is | according to | |

請

| 在這張圖上 | 指出 | 我 | 在那裏。 |
| 照這張圖 | 告訴我 | 那地方 | |

3. I want to go to the place drawn on this map.
　我想到這張圖上畫的地方。

4. Could you draw a map of how to get there for me?
　你能幫我畫一張到那裏去的路線圖嗎?

5. Would you please draw me a map? 請你幫我畫個圖好嗎?

6. Please draw a map on this paper. 請在這張紙上畫個圖。

7. What is this street? 這條街叫什麼名字?

8. Please tell me the name of this street.
　請告訴我這條街叫什麼名字。

問路程遠近

1. Would you tell me how far is it (from here) to the railway station? 請你告訴我(從這裡)到火車站有多遠好嗎?

2. How long does it take? 要多久?

3. How long does it take to get to the zoo

| on foot? |
| by bus? |
| by car? |

從這裏

走路	到動物園要多久?
搭公車	
搭汽車	

4. Is it too far to walk? 走路會不會太遠?

5. Is it better to take a taxi? 搭計程車是不是比較好？

6. Can I get there by bus? 我可以搭公車去嗎？

* 路人的回答 *

1. It's not too far. 不太遠 。

2. Not too far. 不太遠 。

3. It'll take you twenty minutes (on foot).
   （走路）要二十分 。

4. Only ten minutes by car. 坐車只要十分鐘 。

5. It's | about three blocks | （from here）.
        | just a ten-minutes walk/ride |
        | quite a distance |

   （從這裏） | 大約三個街區 。 |
            | 只要走 / 坐十分鐘 。 |
            | 相當遠 。 |

6. You had better take a taxi. 你最好搭計程車 。

Ⅱ 問路實況會話(1)
Asking the Way
問 路

（ T ＝ Tourist 觀光客 ， S ＝ Stranger 陌生人 ）

T ： Excuse me, but will you tell me the way to the art museum? 對不起，請你告訴我怎麼到美術館好嗎？

S ： Go straight on this street. Go three blocks and you'll come to the park. The museum is in the park.

在這條街上直走，過三個街區就到公園，美術館就在公園裏。

T ： How long does it take on foot? 走路去要多久？

S ： About twenty minutes. 大約二十分鐘。

T ： Thank you very much. 謝謝你。

＊　　　　　　＊　　　　　　＊

T ： Please show me the way to the post office.

請告訴我怎麼到郵局。

S ： You see the sign of Quantas Air Ways. Turn to the right at this side. That's New Bond Street. Go two blocks and on the corner on the right you'll find the Westbury Hotel. The post office is on the 1st floor. You can easily find the office as you can see the post office sign.

你看到澳洲航空公司的招牌，在這邊右轉，就到新邦街。走兩個街區，在右邊角落就會看到西貝瑞飯店，郵局就在一樓。你會看到郵局的標示，也會很容易地找到郵局。

＊ Quantas Air Ways *n.* 澳洲航空公司

Ⅱ 問路實況會話(2)

Finding the Restroom

找　洗　手　間

（ T = Tourist 觀光客，S = Stranger 陌生人 ）

T : I want to wash my hands. Is there a room where I can wash my hands?

我想洗手，這裏有可以洗手的地方嗎？

S : On the left side at the end of this hallway. Go downstairs and you'll find the room on your right.

在這個走廊的盡頭左邊，走下樓梯，你就會在你的右邊找到洗手間。

* restroom〔ˈrɛstˌrum〕*n.*〔美〕(商店、戲院等的) 洗手間

Ⅲ 問路實況簡介

熟悉基本問路用語

　　在國外旅行，由於人生地不熟，難免會迷路，而不知道如何走到目的地，這時候如果會說幾句簡單的話，對自己將有很大的幫助。但問路的重點不在於自己會問，還要聽得懂對方說的話才行，所以本章的實用語句特別加上插圖，希望使讀者經由圖解而真正懂得各種基本的指示。不過要是到時候還聽不懂，就只好用地圖來問了。

隨身攜帶地圖

　　用地圖問的先決條件是身上必須備有地圖，而事實上這也是一個人在海外旅行必備的工具。因為迷路時，往往只要展開地圖一看，就一清二楚了。尤其是在美國，街道規劃得像棋盤一樣整齊，看起地圖來，是很方便的。至於利用地圖詢問的方法是，先請對方指出自己所在位置，再請對方確認附近的地形，及往目的地的路線。但是倘若聽不懂對方的話，又沒有地圖可資憑藉時，該怎麼辦呢？這時就最好拿出紙和筆，請對方畫圖給你了。而事實上，您在聽對方指示的時候，不妨也拿出紙筆記下對方的話，畢竟，記外國話是比記本國話難的。

找洗手間 * 分別男女標示

　　除了迷路，不曉得怎麼到目的地而須問路外，在外面行走，也常需要找洗手間。通常有的地方會設有公廁，只要不怕問，就可以找到。也可以到就近的餐館、大廈、百貨公司、加油站等處借用。問的方法與問路一樣，但分別男女洗手間的文字和圖形也要會辨認，以下列出幾種標示：

洗手間：TOILT, RESTROOM, LAVATORY, WATER CLOSET(WC.)

GENTLEMEN・MEN

LADIS・WOMEN

隨身攜帶零錢

　找到洗手間後，要注意收不收費。有的洗手間是無人看管或免收費
的，有的則是在守衞或清潔婦前面的桌上擺一個放零錢的器皿，有的則
是把硬幣投入，門鎖就會自動打開。因此無論收費與否，身上最好隨時
備有上洗手間的零錢。

Ⅳ 問路實用字彙

street〔strit〕*n.* 街　main street〔美〕（小城鎮的）大街道
road〔rod〕*n.* 路
alley〔'ælɪ〕*n.* 巷
corner〔'kɔrnɚ〕*n.* 轉角
intersection〔,ɪntɚ'sɛkʃən〕*n.* 十字路口
forked road〔'fɔrkt ,rod〕*n.* 三叉路

pavement〔'pevmənt〕*n.* 人行道
railroad crossing〔'rel,rod ,krɔsɪŋ〕*n.* 鐵路平交道
underpass〔'ʌndɚ,pæs〕*n.* 地下道（＝〔英〕subway）
overhead bridge〔'ovɚ,hɛd ,brɪdʒ〕*n.* 天橋（＝overhead walkway）

traffic light〔'træfɪk ,light〕*n.* 紅綠燈（＝stop light）

block〔blɑk〕*n.* 街區（由四邊馬路圍成的區域）

building〔'bɪldɪŋ〕*n.* 大廈

sign〔saɪn〕*n.* 招牌

~~~~~~~~~~~~~~~~~~~~~~~~~~~~~~~~~~~~

end of the street〔'ɛnd əv ðə 'strit〕*n.*（這條街的）街尾

this side〔'ðɪs ,saɪd〕*n.* 這邊

right-hand side〔'raɪt 'hænd ,saɪd〕*n.* 右邊

left-hand side〔'lɛft 'hænd ,saɪd〕*n.* 左邊

the opposite side〔ðɪ 'ɑpəzɪt ,saɪd〕*n.* 對面

map〔mæp〕*n.* 地圖

way〔we〕*n.* 方向；路（線）

~~~~~~~~~~~~~~~~~~~~~~~~~~~~~~~~~~~~

toilet〔'tɔɪlɪt〕*n.* 廁所

restroom〔'rɛst,rum〕*n.*〔美〕洗手間

lavatory〔'lævə,torɪ〕*n.* 盥洗室

water closet（W.C.）〔'wɑtɚ ,klɑzɪt〕*n.* 廁所

comfort station〔'kʌmfɚt ,steʃən〕*n.*〔美〕公共廁所

men's room〔'mɛnz ,rum〕*n.* 男廁所

ladies room〔'ledɪz ,rum〕*n.* 女廁所

附錄 1 航空公司的縮寫及全名

縮寫	全　　　　　　名	中 文 名 稱
AA	American Airlines	美國航空公司
AC	Air Canada	加拿大航空公司
AF	Air France	法國航空公司
AI	Air India	印度航空公司
AZ	Alitalia	義大利航空公司
BA	British Airways	英國航空公司
CAL	China Airlines	中華航空公司
CP	Canadian Pacific Air	加拿大航空公司
CPA	Cathay Pacific Airways	國泰航空公司
EVA	Eva Air	長榮航空公司
FAT	Far Eastern Air Transport	遠東航空公司
GA	Garuda Indonesian Airways	印尼航空公司
JAA	Japan Asia Airlines	亞細亞航空公司
JL	Japan Air Lines	日本航空公司
KE	Korean Air Lines	大韓航空公司
KLM	Royal Dutch Airlines	荷蘭航空公司
LH	Lufthansa	德國航空公司
MH	Malaysian Airline System	馬來西亞航空公司
NW	Northwest Orient Airlines	西北航空公司
PA	Pan American World Airways	泛美航空公司
PR	Philipine Air Lines	菲律賓航空公司
SIR	Singapore Airlines	新加坡航空公司
SR	Swissair	瑞士航空公司
TWA	Trans World Airlines	環球航空公司
UA	United Airlines	聯合航空公司

附錄 2 世界時刻對照表（World Time Table）

台灣、香港、菲律賓、西澳洲	泰國、印尼、*馬來西亞、*新加坡	孟加拉、*緬甸	巴基斯坦、*印度、斯里蘭卡	阿富汗、巴林、*杜拜	*伊朗、伊拉克、沙烏地阿拉伯	*希臘、土耳其、以色列、南非	歐洲主要地區、奈及利亞、利比亞	英國、葡萄牙、西班牙、摩洛哥	冰島	亞速爾群島	巴西、烏拉圭	委內瑞拉、智利、阿根廷、巴拉圭	美東區（紐約）、巴拿馬、秘魯	美中區（芝加哥）、墨西哥、哥斯達黎加	美國山區（丹佛）	美西區（舊金山、西雅圖、溫哥華）	夏威夷、阿拉斯加、大溪地	斐濟島、紐西蘭	澳洲（東—雪梨）、關島	日本、澳洲（南北）、韓國、琉球
24	23	22	21	20	19	18	17	16	15	14	13	12	11	10	9	8	6	4	2	1
1	24	23	22	21	20	19	18	17	16	15	14	13	12	11	10	9	7	5	3	2
2	1	24	23	22	21	20	19	18	17	16	15	14	13	12	11	10	8	6	4	3
3	2	1	24	23	22	21	20	19	18	17	16	15	14	13	12	11	9	7	5	4
4	3	2	1	24	23	22	21	20	19	18	17	16	15	14	13	12	10	8	6	5
5	4	3	2	1	24	23	22	21	20	19	18	17	16	15	14	13	11	9	7	6
6	5	4	3	2	1	24	23	22	21	20	19	18	17	16	15	14	12	10	8	7
7	6	5	4	3	2	1	24	23	22	21	20	19	18	17	16	15	13	11	9	8
8	7	6	5	4	3	2	1	24	23	22	21	20	19	18	17	16	14	12	10	9
9	8	7	6	5	4	3	2	1	24	23	22	21	20	19	18	17	15	13	11	10
10	9	8	7	6	5	4	3	2	1	24	23	22	21	20	19	18	16	14	12	11
11	10	9	8	7	6	5	4	3	2	1	24	23	22	21	20	19	17	15	13	12
12	11	10	9	8	7	6	5	4	3	2	1	24	23	22	21	20	18	16	14	13
13	12	11	10	9	8	7	6	5	4	3	2	1	24	23	22	21	19	17	15	14
14	13	12	11	10	9	8	7	6	5	4	3	2	1	24	23	22	20	18	16	15
15	14	13	12	11	10	9	8	7	6	5	4	3	2	1	24	23	21	19	17	16
16	15	14	13	12	11	10	9	8	7	6	5	4	3	2	1	24	22	20	18	17
17	16	15	14	13	12	11	10	9	8	7	6	5	4	3	2	1	23	21	19	18
18	17	16	15	14	13	12	11	10	9	8	7	6	5	4	3	2	24	22	20	19
19	18	17	16	15	14	13	12	11	10	9	8	7	6	5	4	3	1	23	21	20
20	19	18	17	16	15	14	13	12	11	10	9	8	7	6	5	4	2	24	22	21
21	20	19	18	17	16	15	14	13	12	11	10	9	8	7	6	5	3	1	23	22
22	21	20	19	18	17	16	15	14	13	12	11	10	9	8	7	6	4	2	24	23
23	22	21	20	19	18	17	16	15	14	13	12	11	10	9	8	7	5	3	1	24

註：①*加30分鐘　②■指前一天　③■指次一天

附錄3 世界各主要城市每月平均溫度表

月份城市	一月	二月	三月	四月	五月	六月	七月	八月	九月	十月	十一月	十二月
台北（中華民國）	17	19	25	25	30	30	30	31	30	30	27	23
漢城（韓國）	4	0	3	13	15	20	24	25	20	13	7	9
東京（日本）	3	4	7	13	17	21	25	26	23	17	11	6
香港	15	15	18	22	25	27	29	29	27	25	21	18
馬尼拉（菲律賓）	26	26	28	29	29	29	28	28	28	27	27	26
曼谷（泰國）	26	27	29	30	30	29	28	28	28	27	27	27
吉隆坡（馬來西亞）	27	28	28	28	28	27	27	27	27	27	27	27
新加坡	27	27	27	27	28	28	28	28	28	27	27	27
雅加達（印尼）	26	26	27	28	28	27	27	27	27	27	27	26
孟買（印度）	24	24	26	28	30	29	27	27	26	28	27	26
關島	24	24	24	24	24	24	28	28	28	27	27	27
雪梨（澳洲）	22	22	21	19	15	13	12	13	15	18	20	21
奧克蘭（紐西蘭）	20	20	19	16	14	12	11	11	13	14	15	18
雅典（希臘）	9	10	12	15	20	25	27	27	24	20	15	11
羅馬（義大利）	8	9	11	14	18	22	25	25	22	18	13	9
蘇黎世（瑞士）	0	2	6	9	14	17	19	19	16	10	5	1
法蘭克福（西德）	1	3	6	10	14	18	16	18	15	9	5	2
巴黎（法國）	3	4	7	11	13	17	19	19	16	11	6	4
倫敦（英國）	5	5	7	9	12	16	18	17	15	11	7	5
哥本哈根（丹麥）	0	0	2	7	12	15	18	17	13	9	4	1
阿姆斯特丹（荷蘭）	3	3	5	9	14	15	17	18	16	11	7	4
多倫多（加拿大）	- 5	- 5	- 1	5	12	17	20	19	15	9	3	- 3
溫哥華（加拿大）	3	4	7	9	13	15	16	17	13	11	7	4
紐約（美國）	0	0	4	10	16	21	24	23	21	15	7	2
舊金山（美國）	10	12	13	13	15	15	15	15	16	16	14	8

附錄4 世界各國國名、首都及貨幣

國　名	首　都	貨　幣（縮寫）
Argentina 阿根廷	Buenos Aires 布宜諾斯艾利斯	Peso（＄a） （阿根廷幣）披索
Australia 澳洲	Canberra 坎培拉	Dollar（＄A） （澳幣）元
Austria 奧地利	Vienna 維也納	Schilling（S） （奧地利幣）西令
Belgium 比利時	Brussels 布魯塞爾	Franc（BF） 比國法郎
Brazil 巴西	Brasilia 巴西利亞	Cruzeiro（Cr＄） （巴西幣）克魯熱羅
Burma 緬甸	Rangoon 仰光	Kyat（K） （緬甸幣）開厄特
Canada 加拿大	Ottawa 渥太華	Dollar（Can＄） （加拿大幣）元
Sri Lanka 斯里蘭卡	Colombo 可倫坡	Rupee（cey R.） （錫蘭幣）盧比
Chile 智利	Santiago 聖地牙哥	Chilean Pesos（Ch＄） （智利幣）披索
Colombia 哥倫比亞	Bogota 波哥大	Peso（COL＄） （哥倫比亞幣）披索
Czechoslovakia 捷克	Prague 布拉格	Koruna（Kc） （捷克幣）寇魯納
Denmark 丹麥	Copenhagen 哥本哈根	Krone（D Kr） （丹麥幣）克羅內

國　　名	首　　都	貨　幣（縮寫）
Ecuador 厄瓜多	Quito 基多	Sucre（Sl） （厄瓜多幣）蘇克列
El Salvador 薩爾瓦多	San Salvador 聖薩爾瓦多	Colon（C） （薩爾瓦多幣）可隆
Ethiopia 依索匹亞	Addis Ababa 西迪斯亞貝巴	Dollar（Eth.$） （依索匹亞幣）元
Finland 芬蘭	Helsinki 赫爾新基	Markka 芬蘭馬克
France 法國	Paris 巴黎	Franc（F） 法國法郎
Germany 德國	Berlin 柏林	Deutsche Mark （DM）德國馬克
Greece 希臘	Athens 雅典	Drachma（DR） （希臘幣）德克拉馬
Hongkong 香港		Dollar（HK$） （港幣）元
India 印度	New Delhi 新德里	Rupee（Rs） （印度幣）盧比
Indonesia 印尼	Djakarta 雅加達	Rupiah（Rp） （印尼幣）盧比兒
Iran 伊朗	Tehran 德里蘭	Rial（R） （伊朗幣）里亞
Iraq 伊拉克	Baghdad 巴格達	Dinar（ID.） （伊拉克幣）第納
Ireland 愛爾蘭	Dublin 都柏林	Pound（£） （愛爾蘭幣）鎊

國　名	首　都	貨　幣（縮寫）
Israel 以色列	Jerusalem 耶路撒冷	Shekel（IS） （以色列幣)雪克爾
Italy 義大利	Rome 羅馬	Lira（Lit） （義幣)里拉
Japan 日本	Tokyo 東京	Yen（¥） 日圓
Jordan 約旦	Amman 安曼	Dinar（J.D.） （約旦幣)第納
Korea 韓國	Seoul 漢城	Won（W） （韓國幣)圜
Malaysia 馬來西亞	Kuala Lumpur 吉隆坡	Dollar（M$） （馬來西亞幣)元
Mexico 墨西哥	Mexico City 墨西哥城	Peso（Mex$） （墨西哥幣)披索
New Zealand 紐西蘭	Wellington 威靈頓	Dollar（$NZ） （紐西蘭幣)元
Norway 挪威	Oslo 奧斯陸	Krone（NKr） （挪威幣)克羅內
Pakistan 巴基斯坦	Islamabad 伊斯蘭馬巴德	Rupee（PR） （巴基斯坦幣)盧比
Panama 巴拿馬	Panama 巴拿馬	Balboa（B） （巴拿馬幣)巴波亞
Peru 秘魯	Lima 利馬	Sol（Sl.） （秘魯幣)索爾
Philppines 菲律賓	Manila 馬尼拉	Peso（₱） （非幣)披索
Poland 波蘭	Warsaw 華沙	Zloty（ZI） （波蘭幣)日拉替

國　　名	首　　都	貨　幣（縮寫）
Portugal 葡萄牙	Lisbon 里斯本	Escudo（Esc） （葡幣）埃斯固多
Republic of China 中華民國	Taipei 臺北	Dollar（NT$） （新臺幣）元
Rumania 羅馬尼亞	Bucharest 布加勒斯特	Leu（L） （羅馬尼亞幣)列烏
Spain 西班牙	Madrid 馬德里	Peseta（Ptas） （西班牙幣)培塞特
Sweden 瑞典	Stockholm 斯德哥爾摩	Krona（SKr.） （瑞典幣）克羅納
Switzerland 瑞士	Bern 伯恩	Franc（SwS） 瑞士法郎
Syria 敍利亞	Damascus 大馬士革	Pound（£ S） （敍利亞幣）鎊
Thailand 泰國	Bangkok 曼谷	Baht（B） （泰幣）巴特
Turkey 土耳其	Ankara 安卡拉	Turkish Lira（Lt） （土耳其幣)里拉
United Kingdom 英國	London 倫敦	Pound（£） 英鎊
U.S.A. 美國	Washington D.C. 華盛頓	Dollar（$） 美元
Russia 俄羅斯	Moscow 莫斯科	R(o)uble（Rbl.） 蘇聯盧布
Venezuela 委內瑞拉	Caracas 加拉卡斯	Bolivar（B） （委幣）包利瓦
Yugoslavia 南斯拉夫	Belgrade 貝爾格勒	Dinar（Din） （南斯拉夫幣)第納

附錄 5 基本會話用語

　　學習會話要從日常生活中學起，學會了日常生活的基本用語，再接觸實際的情況就容易多了。下列用語希望您能熟記，並練到朗朗上口。

1 問候、介紹與道別

Good morning. 早安。

Good afternoon. 午安。

Good evening, Miss Brown. 晚安，布朗小姐。

Good night. 晚安；再見。

Hello./Hi, Bill. 哈囉。/ 嗨，比爾。

How are you? 你好嗎？

Fine, thank you. And how are you? 我很好，你呢？

How do you do? 你好嗎？

Nice to meet you. 很高興見到你。

Nice to see you again. 很高興再見到你。

I enjoyed talking to you. 和你談話很愉快。

I had a really good time. 我玩得真愉快。

I've enjoyed this evening. 我今晚玩得很愉快。

I must be going now. 我現在得走了。

Have a nice day. 祝你有個愉快的一天。

Have a nice weekend. 祝你有個愉快的週末。

Good bye./ See you. 再見。

＊ Good night. 是睡前或晚間道別的用語。

　問候時若知道對方的名字，可加上去以增親切感。但如果不知道對方是 Mrs.(太太) 或 Miss(小姐)，一律用 Miss；若對方覺得不對，自會更正。

* 別人對你說 How do you do？時，你也要回答 How do you do？
How are you？在問候和回答時的音調各不相同；問候別人是 How are you？
回答別人的問候是 How are you？

② 道謝與致歉

Thank you.　謝謝。
Thank you very much.　非常謝謝你。
Thank you for your help.　謝謝你的幫忙。
Thank you for everything.　一切謝謝你。
Thank you for inviting me.　謝謝你的邀請。
Thanks a lot, John.　眞謝謝你，約翰。
It's very kind of you.　你眞好。
I am very much obliged to you.　我對你非常感激。
I appreciate your kindness.　我感激你的好意。
Sorry.　抱歉。
I'm sorry.　抱歉。
I'm terribly sorry.　我眞抱歉。
Sorry for the trouble.　抱歉給你添麻煩。
Excuse me.　對不起。
That's all right.　沒關係。
It doesn't matter.　沒關係。
Never mind.　別在意。
Not at all.　那兒的話。

* I'm sorry. 是一句較明確的道歉用語。Excuse me. 用途較廣；可以用在請別人讓路、請敎別人問題、或不小心弄翻東西等表示輕微歉意的場合，此外也可以用 Pardon me.

③ 同意與附和

I get it. 我懂了。

Is that so?/Really? 是那樣嗎？/眞的嗎？

That's right./That's true. 對。

That sounds nice. 似乎不錯。

Sounds interesting. 好像很有意思。

That's too bad. 太可惜了。

I hope so. 希望如此。

I hope not. 希望不是。

Sure./Of course./Why not? 當然。/何不？

I'm not sure. 我不確定。

It depends. 要看情形。

That's it. 就是。

That's fine. 很好。

④ 請對方再說一次

Pardon〔me〕? 請再說一次好嗎？

I beg your pardon. 請你再說一次好嗎？

Will you say that again? 請你再說一次好嗎？

Sorry, I didn't catch you. 抱歉，我沒聽懂。

Could you repeat it? 你可以再說一次嗎？

What did you say? 你說什麼？

What do you mean? 你是指什麼？

⑤ 請求帮忙

Would you tell me the way to the post office?
  請你告訴我到郵局的路好嗎？

Could you bring me a glass of water?
  請你拿一杯水給我好嗎？

Could I have another cup of coffee, please?

　　請再給我一杯咖啡好嗎？

Can I talk to Mr. Taylor, please?

　　我可以跟泰勒先生說話嗎？

⑥ 請求許可

May I sit here? 我可以坐這裏嗎？

Can I use this telephone? 我可以用這個電話嗎？

Do you mind if I smoke? 你介意我抽煙嗎？

Am I allowed to take pictures in here? 我可以在這裏照相嗎？

* Do you mind if I smoke?（你介意我抽煙嗎？）的回答如果是 "不介意" 的話，
　應該說：No, I don't mind. "介意" 則說：Yes, I do.
　另外，如果別人問你：Didn't you go to New York?（你沒去紐約嗎？），如果
　去了的話，中文會針對問話說：不，我去了。但英文要說：Yes, I did. 因此要回答
　Yes 或 No，完全視所問事項而定，不必管問句的助動詞。

⑦ 請求說明

Could you tell me how to get there?

　　請你告訴我怎麼到那裏好嗎？

What's the reason? 是什麼原因？

What for? 做什麼？

What happened? 發生什麼事？

What's the matter? 怎麼一回事？

What seems to be the trouble? 問題在那裏？

Will you explain it to me? 請你說明給我聽好嗎？

How do I use this machine? 怎麼用這個機器？

8 請求確定

Is this all right？/Is this O.K.？　這樣好嗎？

Is this correct？　正確嗎？

Am I right？　我說得對嗎？

Are you sure？　你確定嗎？

Is that all？　就這樣嗎？

9 詢問價錢、地點、距離、時間

How much is it？/What's the price？　多少錢？

Where is it？/Where is it located？　在那裏？

How far is it from here？　從這裏去有多遠？

How long does it take？　要多久時間？

What time does the bus leave？　公車什麼時候開？

When is the museum open？　博物館什麼時候開？

When did you arrive？　你什麼時候到的？

How long will you stay here？　你要在這裏待多久？

10 詢問與邀請

Would you like to have a cup of coffee？
　你要不要喝杯咖啡？

Would you care for a cigarette？　你要不要抽煙？

Why don't we go together？　何不一起去？

How about some cake？　來點蛋糕怎樣？

Shall we meet at my hotel？　我們在我住的旅館碰面好嗎？

Why not come for dinner this evening？
　何不今晚來吃飯？

Please help yourself.　請自己來。

11 委婉拒絕

I've had enough, thank you. 我已經夠了，謝謝。
Sorry, I don't really like this. 抱歉，我不大喜歡這個。
I'm afraid I can't. 我恐怕不行。
Maybe some other time. 也許改天。

12 想要與希望

I'd like to go to Disneyland. 我想到狄斯耐樂園。
I want to buy a skirt. 我要買件裙子。
I'd like three tickets for tonight's performance.
我要三張今晚的票。
I hope you can come. 我希望你能來。

13 其他

Just a moment, please. 請等一下。
Here you are. 這給你。
Please go ahead. 請便。
After you. 你先請。
I'm in a hurry. 我趕時間。
Make yourself at home. 請別客氣。
This is on me./Be my guest. 這算我的。/ 我請客。
Let's split the bill./Let's go Dutch. 讓我們分開付帳。
Please give us separate checks. 請給我們分開算。

附錄 6 數字、日期、時刻及方位的說法

1 基數、序數與數目字的讀法

〔數字〕	〔基數〕	〔序數〕	〔數字〕	〔基數〕	〔序數〕
1	one	first	18	eighteen	eighteenth
2	two	second	19	nineteen	nineteenth
3	three	third	20	twenty	twentieth
4	four	fourth	21	twenty-one	twenty-first
5	five	fifth			
6	six	sixth	22	twenty-two	twenty-second
7	seven	seventh			
8	eight	eighth	23	twenty-three	twenty-third
9	nine	ninth			
10	ten	tenth	30	thirty	thirtieth
11	eleven	eleventh	40	forty	fortieth
12	twelve	twelfth	50	fifty	fiftieth
13	thirteen	thirteenth	60	sixty	sixtieth
14	fourteen	fourteenth	70	seventy	seventieth
15	fifteen	fifteenth	80	eighty	eightieth
16	sixteen	sixteenth	90	ninety	ninetieth
17	seventeen	seventeenth			

數字	基數	序數
100	one hundred	one hundredth
101	one hundred（and）one	one hundred（and）first
110	one hundred（and）ten	one hundred（and）tenth
1000	one thousand	one thousandth
1045	one thousand（and）forty-five	
1971	one thousand nine hundred（and）seventy-one	
10,000	ten thousand	**100,000** one hundred thousand

☑ 年代的讀法

1973	nineteen seventy-three	1900	nineteen hundred
1903	nineteen O-three	2000	two thousand

* 年代的讀法以兩位數爲一節。

☑ 電話號碼的讀法

381-2045　three-eight-one, two-o-four-five

700-0787　seven-o-o, o-seven-eight-seven

　　　　　seven-zero-zero, zero-seven-eight-seven

* 電話號碼要一個字一個字地唸。

☑ 月份名稱及幾月幾日的說法

1月	January（Jan.）	**7**月	July（Jul.）
2月	February（Feb.）	**8**月	August（Aug ）
3月	March（Mar.）	**9**月	September（Sept.）
4月	April（Apr.）	**10**月	October（Oct.）
5月	May（May）	**11**月	November（Nov.）
6月	June（Jun.）	**12**月	December（Dec.）

1月1日　January the first（New Year's Day）

3月8日　March the eighth

10月19日　October the nineteenth

12月22日　December the twenty-second

☑ 星期的名稱及說法

星期日	Sunday（Sun.）	星期四	Thursday（Thur.）
星期一	Monday（Mon.）	星期五	Friday（Fri.）
星期二	Tuesday（Tues.）	星期六	Saturday（Sat.）
星期三	Wednesday（Wed.）		

next Saturday 下週六		this coming Friday 將臨的星期五	
next week today 下禮拜的今天		Monday morning 星期一早上	
last Sunday 上禮拜天		Tuesday afternoon 星期二下午	
last week today 上禮拜的今天		Wednesday evening 星期三晚上	

6 季節的名稱及說法

春 spring **夏** summer **秋** fall〔autumn〕 **冬** winter

It's warm in (the) spring. 春暖

It's hot in (the) summer. 夏熱

It's chill in (the) autumn. 秋涼

It's cold in (the) winter. 冬寒

7 時刻的說法

What time is it? 現在幾點？

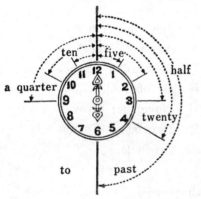

It's one o'clock. 一點。

It's twelve o'clock. 十二點。

It's one fifteen. 一點十五分。

It's two twenty. 二點二十分。

It's three thirty. 三點半。

It's four forty-five. 四點四十五分。

It's fifteen (minutes) past one. 一點（過）十五分。

It's twenty (minutes) past two. 二點二十分。

It's a quarter past two. 二點十五分。

It's half past three. 三點半。

It's fifteen (minutes) to five. 四點四十五分。

It's a quarter to six. 五點四十五分。

It's seven twenty a.m. 上午七點二十分。

It's nine thirty p.m. 下午九點三十分。

Please | come to see me | at | two.
wake me up	after/before
	about/around/at about
	a little after

請在 | 兩點 | 來看我。
| 兩點過後/之前 | 叫醒我。
| 兩點左右 |
| 兩點過一會兒 |

8 方位的說法

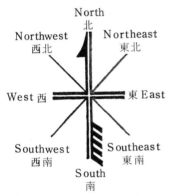

North 〔略 N〕	北
Northeast 〔略 NE〕	東北
East 〔略 E〕	東
Southeast 〔略 SE〕	東南
South 〔略 S〕	南
Southwest 〔略 SW〕	西南
West 〔略 W〕	西
Northwest 〔略 NW〕	西北

* 中文說東南、西北，西北、東南，都是先講東西，再講南北；英文則是先講南北，再講東西。所以一定要記住先講 North 或 South。

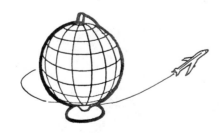

全國最完整的文法書
文法寶典

劉 毅 編著

　　這是一套想學好英文的人必備的工具書,作者積多年豐富的教學經驗,針對大家所不了解和最容易犯錯的地方,編寫成一套完整的文法書。

　　本書編排方式與眾不同,首先給讀者整體的概念,再詳述文法中的細節部分,內容十分完整。文法說明以圖表為中心,一目了然,並且務求深入淺出。無論您在考試中或其他書中所遇到的任何不了解的問題,或是您感到最煩惱的文法問題,查閱「文法寶典」均可迎刃而解。例如:哪些副詞可修飾名詞或代名詞?(P.228);什麼是介副詞?(P.543);哪些名詞可以當副詞用?(P.100);倒裝句(P.629)、省略句(P.644)等特殊構句,為什麼倒裝?為什麼省略?原來的句子是什麼樣子?在「文法寶典」裏都有詳盡的說明。

　　例如:有人學了觀念錯誤的「假設法現在式」的公式,

> If + 現在式動詞……,主詞 + shall (will, may, can) + 原形動詞

只會造:If it rains, I will stay at home.

而不敢造: If you *are* right, I *am* wrong.

　　　　　 If I *said* that, I *was* mistaken.

　　　　　 (If 子句不一定用在假設法,也可表示條件子句的直說法。)

可見如果學文法不求徹底了解,反而成為學習英文的絆腳石,對於這些易出錯的地方,我們都特別加以說明(詳見P.356)。

　　「文法寶典」每一冊均附有練習,只要讀完本書、做完練習,您必定信心十足,大幅提高對英文的興趣與實力。

Editorial Staff

觀光英語

編　　　著 / 楊淑惠

發　行　所 / 學習出版有限公司　　　　☎ (02) 2704-5525

郵 撥 帳 號 / 0512727-2 學習出版社帳戶

登　記　證 / 局版台業 2179 號

印　刷　所 / 裕強彩色印刷有限公司

台 北 門 市 / 台北市許昌街 10 號 2 F　　☎ (02) 2331-4060

台灣總經銷 / 紅螞蟻圖書有限公司　　　☎ (02) 2795-3656

美國總經銷 / Evergreen Book Store　　☎ (818) 2813622

本公司網址　www.learnbook.com.tw

電 子 郵 件　learnbook@learnbook.com.tw

售價：新台幣一百八十元正

2013 年 3 月 1 日新修訂